Controlling im Krankenhaus

Herausgegeben von
Prof. Dr. Winfried Zapp, Osnabrück, Deutschland

Unter Mitarbeit von
Julian Terbeck, M.A.

Die Bücher der Reihe richten sich an Fach- und Führungskräfte im Controlling von Krankenhäusern und medizinischen Einrichtungen sowie an Dozenten und Studierende aus dem Bereich Gesundheitsmanagement und Controlling. Herausgeben werden sie von Prof. Dr. Winfried Zapp, Allgemeine Betriebswirtschaftslehre mit dem Schwerpunkt Rechnungswesen, insbesondere Controlling im Gesundheitswesen an der Hochschule Osnabrück unter Mitarbeit von Julian Terbeck, MA. Aktuelle und relevante Themen des Controllings in Gesundheitseinrichtungen werden praxisnah aufbereitet. Neben den theoretischen Grundlagen zu Bereichen wie Leistungsverrechnung, Benchmarking, Prozesskostenrechnung und Berichtswesen bietet die Reihe konkrete Handlungsempfehlungen und Instrumente. Die Bücher, die in Zusammenarbeit mit Experten aus Wissenschaft und Praxis geschrieben werden, unterstützen die Leser dabei, ihr Wissen und ihre Kompetenz in den Bereichen Kostenmanagement, Controlling und Prozessmanagement zu erweitern und praktisch umzusetzen.

Weitere Bände in dieser Reihe
http://www.springer.com/series/13107

Aline Wurm · Julia Oswald · Winfried Zapp

Cashflow-orientiertes Liquiditätsmanagement im Krankenhaus

Analyse – Verfahren – Praxisbeispiele

Aline Wurm
Controlling
Uniklinik Bonn
Deutschland

Winfried Zapp
Hochschule Osnabrück
Osnabrück
Deutschland

Julia Oswald
Hochschule Osnabrück
Osnabrück
Deutschland

ISSN 2198-6010
Controlling im Krankenhaus
ISBN 978-3-658-09877-3
DOI 10.1007/978-3-658-09878-0

ISSN 2198-6029 (electronic)

ISBN 978-3-658-09878-0 (eBook)

Die Deutsche Nationalbibliothek verzeichnet diese Publikation in der Deutschen Nationalbibliografie; detaillierte bibliografische Daten sind im Internet über http://dnb.d-nb.de abrufbar.

Springer Gabler
© Springer Fachmedien Wiesbaden 2015

Gedruckt auf säurefreiem und chlorfrei gebleichtem Papier

Springer Fachmedien Wiesbaden ist Teil der Fachverlagsgruppe Springer Science+Business Media (www.springer.com)

Vorwort

Krankenhäuser werden in der Zukunft verstärkt auf eine starke Finanzkraft setzen, um ökonomisch bestehen zu können. Dazu gibt es verschiedene Handlungsoptionen: Zinsgünstige Darlehen, Erhöhung des Eigenkapitals, Realisation hoher Gewinne und so weiter.

Eine Handlungsoption wird in der Regel mindestens einmal im Jahr mit der Erstellung der Bilanz errechnet: Das ist der Cashflow. Im laufenden Jahr – so scheint es – spielt diese Berechnung dann keine weitere Rolle mehr. Vor allem – so hat man das Gefühl – werden keine Handlungen aus dem Cashflow abgeleitet.

In diesem Buch wird der Cashflow als Kennzahl für die Finanzkraft und als Lenkungsgröße der Finanzplanung verstanden und anwendungsorientiert durch eine Beispielrechnung aufbereitet. Die Autoren erhoffen sich dabei, die Bedeutung des Cashflow hervorzuheben, um Krankenhäuser verstärkt auf dieses Instrument hinzuweisen.

Ein Buch ist nie das Produkt einer einzelnen Person:

Claudia Hasenbalg von Springer Gabler hat uns wieder motiviert, noch vor einem Urlaub der Autoren das vorliegende Buch zu beenden und in der Reihe „Controlling im Krankenhaus" zu publizieren. Von der Begleitung im Erstellungsprozess bis zur Vorbereitung für den Druck hat sie – wie immer hochengagiert und fachlich qualifiziert – mit ihren konstruktiv-kritischen Hinweisen zum Gelingen beigetragen.

Den Produktionsprozess haben diesmal gleich zwei Personen begleitet: Sandra Reisinger von Springer Gabler hat den reibungslosen Herstellungsprozess sichergestellt. Frau Madhura Deshpande hat als Projektmanagerin von Crest Premedia Solutions in Pune, Indien, die technische Herstellung durchgeführt. Beide haben die Produktion bis zum druckfertigen Buch vorgenommen und im Hintergrund das Aussehen dieses Buches wesentlich mitgeprägt.

Julian Terbeck, M.A. hatte als Mitherausgeber dieser Reihe bereits vieles vorab zuverlässig geregelt.

Diesem Team danken wir in besonderer Weise und hoffe auf viele gute gemeinsame Buchprojekte.

Herbert Spencer (1820–1903), ein englischer Philosoph und Sozialwissenschaftler hat darauf hingewiesen, dass das große Ziel der Bildung nicht Wissen ist, sondern das

Handeln.[1] Wir wünschen uns, dass über das Wissen um den Cashflow hinaus Handlungsoptionen entwickelt werden, um Krankenhäuser in schwierigen Zeiten gut und sicher zu
manövrieren.

In diesem Sinne wünschen wir unseren Lesern durch diese Abhandlung das Machbare
herauszufinden, um in den Handlungsmodus zu kommen und praxisrelevant und anwendungsorientiert Entscheidungen herbeizuführen.

Osnabrück und Bonn, im September 2015   Winfried Zapp
                                                                          Julia Oswald
                                                                          Aline Wurm

---

[1] siehe aphorismen.de unter: http://www.aphorismen.de/suche?f_thema=Bildung%2C+Aus-
bildung&seite=4.

Inhaltsverzeichnis

Autorenverzeichnis

Aline Wurm M.A. Studium an der Hochschule Osnabrück im Studiengang „Management im Gesundheitswesen", Abschluss: Master of Arts. Aushilfe bei den Paracelsus-Kliniken Deutschland im Konzerncontrolling. Wissenschaftliche Mitarbeiterin an der Hochschule Osnabrück im Forschungsteam von Herrn Prof. Zapp. Mitarbeiterin im Kaufmännischen Controlling am Universitätsklinikum Bonn mit den Aufgabenschwerpunkten, Analyse der Kosten- und Leistungsentwicklung, sowie deren Steuerung und Überwachung. Weiterentwicklung der Kostenarten- und Kostenstellenrechnung und der Innbetrieblichen Leistungsverrechnung.

Prof. Dr. Julia Oswald Studium der Betriebswirtschaft in Einrichtungen des Gesundheitswesens (Dipl.-Kffr. (FH)), Hochschule Osnabrück; Promotion zur Doktorin der medizinischen Wissenschaften (Dr. rer. medic.) bei Prof. Dr. Hartmut Remmers, Fachbereich Humanwissenschaften, Universität Osnabrück. Ernennung zur Professorin für Allgemeine Betriebswirtschaftslehre, insbesondere Krankenhausmanagement und -finanzierung an der Fakultät Wirtschafts- und Sozialwissenschaften der Hochschule Osnabrück im Jahr 2014. Zuvor mehrere Jahre Leitung Konzerncontrolling Paracelsus-Kliniken Deutschland GmbH & Co. KGaA. Daneben Lehrbeauftragte der Hochschule Osnabrück sowie Dozententätigkeiten in verschiedenen Praxiseinrichtungen. Davor Wissenschaftliche Mitarbeiterin an der Hochschule Osnabrück bei Prof. Dr. Winfried Zapp; Forschungsschwerpunkte: Management, Controlling und Risikomanagement in Gesundheitsunternehmungen.

Prof. Dr. rer. pol., Dipl.-Ökonom Winfried Zapp Studium der Wirtschaftswissenschaften, Psychologie und Soziologie; Abschluss: Diplom-Ökonom; Wissenschaftlicher Mitarbeiter; Promotion zum Dr. rer. pol.; Assistent des Verwaltungsleiters in einem Evangelischen Krankenhaus, gleichzeitig Trainee für Führungsnachwuchskräfte des Berufsbildungswerks Deutscher Krankenhäuser (BBDK); Krankenhausbetriebsleiter und in Personalunion Finanzleiter in einer Komplexeinrichtung; Ernennung zum Professor an der Hochschule Osnabrück mit dem Lehrgebiet Allgemeine Betriebswirtschaftslehre mit dem Schwerpunkt Rechnungswesen, insbesondere Controlling im Gesundheitswesen; Forschungsschwerpunkte: Controlling, Kostenmanagement, Prozessmanagement; Internationale Tätigkeiten in Osteuropa und Zentralasien.

Einleitung

1

Spätestens mit der Einführung des fallpauschalen Vergütungssystems, den DRGs, erhält der Aspekt der Kosteneffizienz eine zentrale Bedeutung für die Krankenhäuser. Seitdem wird der Behandlungsfall mit einer DRG-Fallpauschale vergütet, so dass die Krankenhäuser aufgefordert sind, ihre Kostenstrukturen permanent auf Effizienz hin zu überprüfen, um am Markt bestehen zu können.[1]

Verstärkt wird der finanzielle Engpass durch den Rückgang der Investitionsfördermittel. Während im Jahr 1991 die Bundesländer die Investitionen der Krankenhäuser mit 3,6 Mrd. € finanzierten, sanken die Investitionsfördermittel im Jahr 2012 auf 2,7 Mrd. €. Dem steht ein gesamter Investitionsbedarf der Krankenhäuser[2] von 5,4 Mrd. € gegenüber, so dass eine Investitionslücke von 2,7 Mrd. € besteht. Vor dem Hintergrund der angespannten finanziellen Situation der Bundesländer, sind auch zukünftig keine höheren Ausgaben im Bereich der Investitionsfördermittel für Krankenhäuser zu erwarten.[3]

Die Auswirkungen der finanzwirtschaftlichen Situation verdeutlicht der Krankenhaus Rating Report 2014. Bereits im Jahr 2012 waren 44 % der deutschen Krankenhäuser nicht investitionsfähig. Durch ihre Umsätze können nicht ausreichend finanzielle Mittel erwirtschaftet werden, um die Abschreibungen des bestehenden Sachanlagevermögens und die Kapitalkosten zu decken. Damit die Krankenhäuser mindestens ihren Reinvestitionsbedarf und damit ihre bestehende Substanz erhalten können, sind zusätzliche Finanzierungsquellen zu erschließen.[4]

Jedoch hat sich der Zugang zu zusätzlichem Kapital durch Banken erschwert. Die Regelwerke zur Bankenaufsicht des Basler Komitees (Basels I–III) stellen Anforderungen

---

[1] Vgl. Bornewasser (2014, S. 15).

[2] Die Investitionssumme berücksichtigt nicht die Universitätskliniken (vgl. Augurzky et al. (2014, S. 12)).

[3] Vgl. Augurzky et al. (2014, S. 165–176, 47).

[4] Vgl. Augurzky et al (2014, S. 190).

© Springer Fachmedien Wiesbaden 2015
A. Wurm et al., *Cashflow-orientiertes Liquiditätsmanagement im Krankenhaus,*
Controlling im Krankenhaus, DOI 10.1007/978-3-658-09878-0_1

an das Eigenkapital und die Liquidität der Banken, damit sie in finanzwirtschaftlichen Krisenzeiten widerstandsfähig sind. Um das Risiko eines Zahlungsausfalls zu vermeiden, steigen ebenfalls die Ansprüche an die Bonität der Kreditnehmer. Ob und zu welchen Konditionen Banken den Krankenhäusern Kredite (oder Kreditlinien) gewähren, hängt von ihrer Rückzahlungsfähigkeit ab. In der Konsequenz müssen Krankenhäuser die Ratingkriterien erfüllen, das bedeutet, insbesondere über ausreichend Liquidität verfügen, um künftig die Investitionslücke durch zusätzliche Kredite decken zu können. Darüber hinaus sollten Krankenhäuser ihre eigene Finanzierungskraft stärken, um möglichst unabhängig von Banken agieren zu können.[5]

Gelingt es Krankenhäusern nicht, den gegebenen Herausforderungen zu begegnen und ihre Zahlungsfähigkeit zu bewahren, droht die Insolvenz. Aufgabe des Liquiditätsmanagements ist es, dies zu verhindern. Hierzu benötigt das Liquiditätsmanagement einen möglichst genauen Überblick über die Zahlungsmittelbestände sowie über den Zeitpunkt und die Höhe der voraussichtlich anfallenden Ein- und Auszahlungen anfallen.[6] Der Cashflow bzw. das Cashflow-Statement ist ein zentrales Instrument der Finanzanalyse. Indem es die Zahlungsmittelbestände und Zahlungsströme abbildet, liefert es dem Krankenhaus eine geeignete Grundlage, um finanzwirtschaftliche Entscheidungen zielgerichtet zu treffen, zu planen und zu kontrollieren.[7]

Durch diesen Beitrag soll gezeigt werden, wie durch cashflow-orientierte Instrumente die Liquidität eines Krankenhauses sichergestellt werden kann. Hierzu werden im ersten Teil die theoretischen Grundlagen zum Liquiditätsmanagement und dem Cashflow erläutert. Anschließend stellt der zweite Teil des Buchs die praktische Durchführung zum cashflow-orientierten Liquiditätsmanagement an einem Beispielkrankenhaus dar.

Literatur

Augurzky, B. u. a. (2014): Krankenhaus Rating Report 2014. Mangelware Kapital: Wege aus der Investitionsfalle. Heidelberg. Medhochzwei Verlag

Bornewasser, M. (2014): Dienstleistungen im Gesundheitssektor. In: Bornewasser, M., Kriegesmann, B., Zülch, J. [Hrsg.]: Dienstleistungen im Gesundheitssektor. Produktivität, Arbeit und Management. Wiesbaden. Gabler Verlag. S. 1–28

Erichsen, J., Treutz, J. (2012): Professionelles Liquiditätsmanagement. Praxisleitfaden für Unternehmer und Berater. Ettenheim. NWB Verlag

Wolke, T. (2010): Finanz- und Investitionsmanagement im Krankenhaus. Berlin. Medizinisch Wissenschaftliche Verlagsgesellschaft

---

[5] Vgl. Erichsen und Treuz (2012, S. 169–174).

[6] Vgl. Erichsen und Treuz (2012, S. 1–3).

[7] Vgl. Wolke (2010, S. 92, 97 f).

Theoretische Hinführung

2

2.1 Grundlagen zum Liquiditätsmanagement

2.1.1 Begriffsdefinitionen

2.1.1.1 Liquidität

Der Begriff „Liquidität" wird in der Literatur unterschiedlich diskutiert. Im Wesentlichen beschreibt Liquidität sowohl das Merkmal der Geldnähe von Wirtschaftsgütern als auch die Zahlungsfähigkeit von Unternehmen. Hierzu werden in Abb. 2.1 zwei Definitionen aufgeführt.

Die Definition nach Wöhe bezeichnet Liquidität als eine Eigenschaft von Vermögensgegenständen. Zum einen beschreibt Liquidität die absolute Höhe der Zahlungsmittel eines Krankenhauses zu einem bestimmten Zeitpunkt.[1] Unter Zahlungsmitteln werden liquide Mittel gefasst, über die ein Unternehmen in Form von Kassenbeständen oder Bankguthaben verfügt.[2] Zum anderen definiert sich Liquidität über den potentiellen Zahlungsmittelbestand. Vorräte und sonstige Vermögensgegenstände (die innerhalb eines Jahres liquidierbar sind), ergänzen den Zahlungsmittelbestand über den ein Unternehmen disponieren kann. Um eine Aussage über die Zahlungsfähigkeit von Unternehmen zu erlangen sind die Zahlungsmittelbestände in Relation zu den Verbindlichkeiten zu setzen. Hierbei wird die Liquidität durch Liquiditätsgrade[3] charakterisiert.[4]

---

[1] Vgl. Wöhe et al. (2003, S. 26).

[2] Vgl. Schmalen und Pechtl (2006, S. 385).

[3] Eine nähere Erläuterung der Liquiditätsgrade und eine Untergliederung der Vermögensgegenstände zur Geldnähe liefert Perridon et al. (2012, S. 603–606).

[4] Vgl. Perridon et al. (2012, S. 12, 604).

© Springer Fachmedien Wiesbaden 2015
A. Wurm et al., *Cashflow-orientiertes Liquiditätsmanagement im Krankenhaus*,
Controlling im Krankenhaus, DOI 10.1007/978-3-658-09878-0_2

Wöhe (2013)	*„Der Begriff Liquidität bezeichnet im Sinne von Liquidierbarkeit die Eigenschaft von Wirtschaftsgütern, mehr oder weniger leicht als Zahlungsmittel verwendet oder in Zahlungsmittel umgewandelt werden zu können."*[1]
Drukarczyk (2008)	*„Ein Unternehmen wird als liquide oder zahlungsfähig angesehen, wenn sein Zahlungsvermögen ausreicht, um seinen Zahlungsverpflichtungen jetzt und in zukünftigen Zeitpunkten nachzukommen."*[2]

Abb. 2.1 Begriffsdefinition Liquidität. (Wöhe et al. 2013, S. 26; Drukarczyk 2008, S. 41)

Abb. 2.2 Liquiditätsbereiche einer Unternehmung. (Losbichler 2012, S. 51)

Im Gegensatz zu der bisherigen Ausführung definiert Drukarczyk Liquidität als einen dynamischen Prozess. Damit ein Unternehmen jederzeit seinen Zahlungsverpflichtungen nachkommen kann, ist neben der derzeitigen Liquidität auch die zukünftige Entwicklung der Liquidität wesentlich.[5] Folglich ist eine Zahlungsfähigkeit jederzeit zu gewährleisten, da anderenfalls die Illiquidität und schließlich die Insolvenz droht. Illiquide ist ein Unternehmen, wenn sämtliche Kapitalquellen ausgeschöpft sind und nicht ausreichend Kapital beschafft werden kann, um den Zahlungsverpflichtungen nachzukommen. Bis zur Illiquidität durchläuft ein Unternehmen einen Prozess, der sich zu Beginn in Zahlungsschwierigkeiten und Zahlungsstockungen äußert und letztlich zur Zahlungsunfähigkeit führt (vgl. Abb. 2.2).[6]

Die Definition nach Drukarczyk, der hier gefolgt werden soll, beschreibt Liquidität als eine Voraussetzung für die Überlebensfähigkeit von Unternehmen. Somit stellt Liquidität nicht ein Optimierungsproblem der Höhe der (potentiellen) Finanzmittel dar, sondern die Fähigkeit von Unternehmen, jederzeit über ausreichend liquide Mittel zu verfügen, um den Zahlungsforderungen gerecht zu werden.

---

[5] Vgl. Drukarczyk (2008, S. 41 f.).
[6] Vgl. Losbichler (2012, S. 51).

2.1.1.2 Management

Die Veränderungen der Umwelt sind zunehmend dynamischer und komplexer. Im Krankenhausbereich ergeben sich Herausforderungen aus den erschwerten Markt- und Wettbewerbsbedingungen sowie Neuerungen im Bereich der Medizin, Wissenschaft und Technologie einschließlich gesunkener Wachstumsprognosen.[7] Bisher begegnen die Krankenhäuser dem gestiegenen Kostendruck durch eine gesteigerte Effizienz – Indizien sind insbesondere gestiegene Fallzahlen bei gleichzeitig sinkender Verweildauer und Bettenzahl.[8] Zur Bewältigung der derzeitigen und zukünftigen Herausforderungen empfiehlt Eichhorn entgegen linearer kausal-analytischer Ansätze ein integriertes Management.[9] Das integrierte Management stellt einen Bezugsrahmen für die Führung dar, um die Probleme zu bewältigen.[10] Um den Anforderungen gerecht zu werden, bedarf es eines ganzheitlichen, synthetisch-vernetzten Denkens. Hierbei sind die Interdependenzen innerhalb von Systembereichen eines Unternehmens (intrasystemisch) und zwischen einem Unternehmen und der Umwelt (intersystemische) zu beachten und aufeinander abzustimmen.[11]

Das Konzept des integrierten Managements wurde im Jahr 1997 von Hans Ulrich und Walter Krieg an der Universität St. Gallen erarbeitet. Knut Bleicher und später Rüegg-Stürm ergänzten dieses Konzept und entwickeln es seither weiter.[12]

▶   Nach Bleicher „[wird] Management [...] als Gestaltung, Lenkung und Entwicklung sozialer Systeme verstanden. Dabei bedürfen die verschiedenen Inhalte des Managements der Integration auf einer normativen, strategischen und operativen Ebene."[13] Das Management bezweckt „die Gestaltung der Rahmenbedingungen, die eine Unternehmungsentwicklung erlaubt und die ein Überleben des Systems sicherstellt."[14]

Das Management gliedert sich in die drei Ebenen des normativen, strategischen und operativen Managements. Hierbei werden die Funktionen des Managements in den institutionellen Kontext gestellt. Dem normativen und strategischen Management kommt primär eine gestaltende Aufgabe zu, während das operative Management eine Lenkungsfunktion[15] einnimmt. Das normative Management schafft die Voraussetzungen für die Le-

---

[7] Vgl. Eichhorn (2008, S. 111).

[8] Vgl. Neubauer und Beivers (2010, S. 4–7).

[9] Vgl. Eichhorn (2008, S. 118).

[10] Vgl. Bleicher (2004, S. 53, 77).

[11] Vgl. Bleicher (2004), S. 53, 77).

[12] Vgl. Rüegg-Stürm (2003, S. 6).

[13] Bleicher (2002, S. 3).

[14] Bleicher (2004, S. 61).

[15] Aufbauend auf Entscheidungen lenkt die Führung ein Unternehmen, so dass der angestrebte Soll-Zustand erreicht wird. Hierzu bedarf es der Lenkmechanismen Steuerung und Regelung. Steuerung umfasst dabei die Vorgabe der Richtung und des Verhaltens, um den gewünschten Zielzustand zu

bens- und Entwicklungsfähigkeit. Strategisch werden Erfolgspotentiale[16] aufgebaut und weiterentwickelt, während das operative Management die Umsetzung des normativen und strategischen Managements unterstützt.[17]

Die Managementebenen werden durch Vor- und Rückkopplungsprozesse horizontal integriert. So sind die normativen und strategischen Vorgaben richtungsweisend für das operative Führungsgeschehen und unvorhergesehene, existenzgefährdende Ereignisse wirken wiederum auf die Vorgaben und Strategien ein.[18]

Die vertikale Integration erfolgt durch die drei Säulen Strukturen, Aktivitäten und Verhalten, die alle Ebenen durchdringen. Sie stellen die Aspekte dar, die das Management beeinflusst und somit in konzeptionelle und gestalterische Vorhaben umsetzt. Durch das Management werden zunächst die Normen bestimmt, die sich weiter über die Mission in Programmen konkretisieren und daraufhin in Aufträge bzw. Aufgaben für die Durchführung überführt werden. Strukturell gestaltet das normative Management die Unternehmensverfassung. Diese wird wiederum in Organisations- und Managementsysteme bzw. Dispositionssysteme umgesetzt. Die beiden Säulen, Strukturen und Aktivitäten, beeinflussen die letzte Säule des menschlichen Verhaltens. Normativ wird in der Unternehmenskultur die Vorstellung über das zukünftige Problemverhalten begründet. Strategisch wirkt das Management leitend auf das Problemverhalten ein, welches sich so dann operativ im Leistungs- und Kooperationsverhalten ausdrückt.[19]

Eine Integration von Umwelt und Organisation im Laufe der Zeit wird in der dritten Dimension, der Unternehmensentwicklung deutlich. Die Unternehmensentwicklung drückt sich in der relativen Nutzenstiftung für die relevanten Anspruchsgruppen und der strategischen Positionierung im Wettbewerb aus. Sie ist das Resultat der Fähigkeit eines Unternehmens, den Herausforderungen durch die dynamischen und komplexen Veränderungen der Umwelt gerecht zu werden.[20]

Den Zusammenhang der drei Dimensionen des integrierten Managements veranschaulicht Abb. 2.3.

2.1.1.3 Liquiditätsmanagement

Das Cash- bzw. Liquiditätsmanagement wird in der Literatur unterschiedlich definiert. Teilweise wird Liquiditätsmanagement mit einzelnen Instrumenten oder Aufgaben gleich-

---

erreichen, wie auch die prospektive Bestimmung von relevanten Störgrößen bzw. hieraus erforderliche Anpassung der Vorgaben. Regelung bezeichnet die nachträgliche Korrektur bei Abweichungen vom gewünschten Soll-Zustand; vgl. Zapp und Oswald (2009, S. 82–84).

[16] „Erfolgspotentiale (stellen) das gesamte Gefüge aller jeweiligen produkt- und marktspezifischen erfolgsrelevanten Voraussetzungen dar, die spätestens dann bestehen müssen, wenn es um die Realisierung geht" (Gälweiler, 1987, S. 6).

[17] Vgl. Bleicher (2004, S. 80–87).

[18] Vgl. Bleicher (2004, S. 80–87).

[19] Vgl. Bleicher (2004, S. 86–91).

[20] Vgl. Bleicher (2004. S. 61–64).

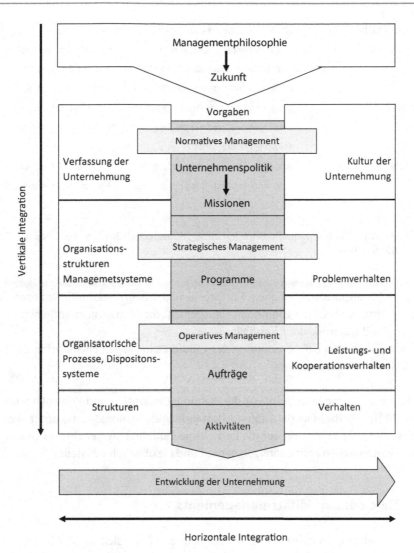

Abb. 2.3 Verknüpfung von normativem, strategischem und operativem Management. (Darstellung in Anlehnung an Bleicher 2005, S. 137; Eichhorn 2008, S. 119)

gesetzt.[21] Um ein ganzheitliches Verständnis für diese Arbeit zu schaffen, werden in Abb. 2.4 drei umfassende Definitionen aufgeführt.

Das Liquiditätsmanagement ist der operative Teilbereich des Finanzmanagements, so dass sich die Zielsetzung aus den strategischen Vorgaben ableitet. Das Liquiditätsmanagement dient zur Sicherung der Liquidität durch Erhaltung des finanzwirtschaftlichen Gleichgewichts.[22] Kettern verdeutlicht, dass sich die Managementaktivitäten auf das

---

[21] Vgl. Werdenich (2008, S. 11).

[22] Vgl. Eilenberger (2003, S. 46).

Prätsch u. a. (2012)	*„Cash-Management kann in jedem Unternehmen als dynamischer Prozess gekennzeichnet werden, in dem die Instrumente der Liquiditätsplanung und –kontrolle sowie der Liquiditätsdisposition und des täglichen Liquiditätsstatus zusammen effizient eingesetzt werden sollten."*[1]
Jetter (1987)	*„Cash bezeichnet die liquiden Mittel eines Unternehmens. Der Begriff „Management" umfasst die Eigenschaft über Planung, Disposition und Kontrolle von Liquidität."*[2]
Kettern (1987)	*„Die Gesamtheit aller Aktivitäten, die direkt oder indirekt auf eine zielorientierte Gestaltung des kurzfristigen Finanzpotentials ausgerichtet ist."*[3]

Abb. 2.4 Begriffsdefinition Liquiditätsmanagement. (Prätsch et al. 2012, S. 16; Jetter 1987, S. 19; Kettern 1987, S. 19)

kurzfristige Finanzpotential beziehen. Entsprechend der Begriffsdefinitionen nach Prätsch u. a. sowie Jetter umfasst das Liquiditätsmanagement die Managementaufgaben Planung, Disposition und Kontrolle der Liquidität.

Die Analyse zur Begriffsbestimmung des Liquiditätsmanagements wird in der folgenden Definition zusammengefasst.

► Liquiditätsmanagement umfasst die Planung, Disposition und Kontrolle liquider Mittel. Hierbei sind die Zahlungsbestände und Zahlungsströme optimal zu gestalten, um als Ziel ein auf die kurzfristige Liquidität ausgerichtetes Gleichgewicht zwischen Rentabilität, Sicherheit und Flexibilität herzustellen.

2.1.2 Ziele des Liquiditätsmanagements

Damit Unternehmungen existieren ist der Kapitalbedarf, der sich aus der laufenden Leistungserstellung ergibt, jederzeit zu gewährleisten. Das Liquiditätsmanagement hat zum Ziel, das finanzwirtschaftliche Gleichgewicht, bezogen auf die aktuelle und dispositive Liquidität eines Krankenhauses, sicherzustellen. Dabei wird es um die Ziele Rentabilität, Sicherheit und Flexibilität ergänzt. Finanzwirtschaftliche Entscheidungen im Kontext des Liquiditätsmanagements beziehen sich auf die Liquiditätssicherung im Sinne einer zuverlässigen Bewältigung eines Liquiditätsengpasses.[23]

Durch das Liquiditätsmanagement sind Zahlungsströme so zu steuern, dass eine möglichst maximale Rendite erreicht wird. Jedoch besteht zwischen Liquidität und Rentabilität ein Zielkonflikt. Damit eine Unternehmung regelmäßigen und ungeplanten Zahlungsaufforderungen nachkommen kann, sind ausreichend finanzielle Mittel vorzuhalten. Aus

---

[23] Vgl. Eilenberger (2003, S. 46).

Sicht der Rentabilität sind solche Reserven ineffizient, da diese Gelder nicht gewinnbringend eingesetzt werden können. Dem Unternehmen entgeht so potentieller Ertrag durch den Einsatz in Sach- oder Finanzanlagen oder es entstehen bei zusätzlicher Aufnahme von Kapital Eigen- bzw. Fremdkapitalzinsen für die Vorhaltung der Gelder. Dem Spannungsverhältnis zwischen Liquidität und Rentabilität begegnet das Liquiditätsmanagement, indem es die Liquiditätsreserven soweit vermindert, dass die Liquidität gerade noch sichergestellt ist.[24]

Weiterhin ist bei finanzwirtschaftlichen Entscheidungen der Aspekt der Sicherheit zu beachten. Bei den täglichen internationalen Finanzgeschäften wird der Wert liquider Mittel durch Zins- und Währungskurse beeinflusst. Ziel des Liquiditätsmanagements ist es, die finanziellen Mittel so anzulegen oder zu veräußern, dass das Zins- und Währungsrisiko möglichst gering ist. Darüber hinaus muss das Liquiditätsmanagement die Flexibilität in Form der unternehmerischen Entscheidungsfreiheit beachten. Insbesondere eine vertrauensvolle Beziehung zu Banken kann zu einer flexiblen und günstigen Kreditausstattung beitragen.[25]

2.1.3 Aufgaben des Liquiditätsmanagements

Die Aufgaben des Liquiditätsmanagements umfassen Planung, Disposition und Kontrolle liquider Mittel.

Die Liquiditätsplanung setzt sich zusammen aus dem jeweils aktuellen Liquiditätsstatus und der Finanzplanung mit einem Planungshorizont von maximal einem Jahr. Damit der Bedarf oder der Überschuss liquider Mittel prognostiziert werden kann, sind die Ein- und Auszahlungen möglichst genau zu ermitteln. Der Liquiditätsstatus zeigt die aktuelle Finanzkraft durch die Summe der vorhandenen liquiden Mittel eines Unternehmens.[26] Aufbauend auf dem Liquiditätsstatus erfolgt die Liquiditätsplanung, die einen Planungshorizont von bis zu einem Jahr umfasst. Die jährliche Planung wiederum kann in eine monatliche, wöchentliche oder tägliche Liquiditätsvorschau untergliedert werden.[27] Durch die Liquiditätsplanung werden Ein- und Auszahlungen innerhalb des festgelegten Zeitraums erfasst. Im Zusammenhang mit dem Liquiditätsstatus kann ein Krankenhaus seinen Finanzmittelbedarf oder Finanzmittelüberschuss planen und entsprechende liquiditätssteuernde Maßnahmen einleiten. Daher stellt die Liquiditätsplanung das zentrale Instrument zur Liquiditätssicherung dar.[28]

Neben der Planung ist die Liquiditätsdisposition eine wesentliche Aufgabe des Liquiditätsmanagements. Durch das Liquiditätsmanagement wird die tägliche Zahlungsfähig-

---

[24] Vgl. Werdenich (2008, S. 14–17, 219), vgl. Losbichler (2012, S. 59 f.).

[25] Vgl. Werdenich (2008, S. 14–17, 219), vgl. Losbichler (2012, S. 59 f.).

[26] Vgl. Perridon et al. (2012, S. 694).

[27] Vgl. Losbichler (2012, S. 30,52–57).

[28] Vgl. Franz und Hochstein (2011, S. 143).

keit erhalten, so dass der Zahlungsmittelbestand stets dem Finanzmittelbedarf entspricht, jedoch nicht übersteigt. Fehlende oder überschüssige Finanzmittel sind auf diese Weise möglichst rentabel zu beschaffen bzw. anzulegen.[29]

Weiterhin optimiert das Liquiditätsmanagement die Zahlungsströme und deren Kosten. Durch ein Debitorenmanagement verringert ein Unternehmen die Außenstandsdauer und sichert die Zahlungseingänge. Je eher Außenstände liquidiert werden, desto schneller kann eine Klinik diese wieder gewinnbringend investieren. Ferner verursachen lange Außenstandsdauern oder gar Forderungsausfälle Kosten, da beispielsweise die fehlenden Mittel durch Kredite gedeckt werden müssen.[30] Im stationären Bereich hat sich das Zahlungsverhalten der Kostenträger zu einem bedeutenden Problem für Krankenhäuser entwickelt. Durchschnittlich sind 1,1 Mio. € (20 % der gesamten Außenstände) auf verzögerte Zahlungen oder Zahlungsausfälle durch die Rechnungsprüfungen des „Medizinischen Dienstes der deutschen Krankenkassen" (MDK) zurückzuführen.[31] Daher sollten im Krankenhaus die Prozesse der Kodierung, der Rechnungsstellung und der MDK-Anfragenbearbeitung regelmäßig überwacht und optimiert werden.[32]

Neben dem Zahlungseingang gestaltet das Liquiditätsmanagement die Zahlungsausgänge. Durch das Kreditorenmanagement soll die Liquidität möglichst lange im Unternehmen gehalten und Zinserträge erhöht werden. Hierzu sind Zahlungen soweit zu verzögern, dass die Zahlungsfristen gerade noch eingehalten bzw. vereinbarte vergünstigende Zahlungskonditionen, wie beispielsweise Skonto, genutzt werden.[33] Neben dem Debitoren- und Kreditorenmanagement können durch das Liquiditätsmanagement zusätzliche Instrumente wie das Netting oder Cash-Pooling eingesetzt werden, um die Transaktionskosten zu verringern.[34] Das Währungsrisikomanagement erfasst die Wagnisse, die durch unterschiedliche Währungs- und Wirtschaftsräume bestehen. Entsprechende Absicherungsmaßnahmen dämmen das Wechselkursrisiko ein.[35]

Eine weitere Aufgabe des Liquiditätsmanagements ist die Kontrolle der in der Planung definierten Ziele. Hierzu werden die Ist- und Plan-Werte laufend abgeglichen und berichtet. Aufbauend auf einer Abweichungsanalyse können die Verantwortlichen frühzeitig Gegensteuermaßnahmen einleiten und ggf. die Planung anpassen.[36] Abbildung 2.5 gibt einen Überblick über den Aufgabenbereich des Liquiditätsmanagements.

---

[29] Vgl. Werdenich (2008, S. 17).

[30] Vgl. Werdenich (2008, S. 31).

[31] Vgl. DKI (2012, S. 6–11).

[32] Vgl. Hänsch (2013, S. 25–28).

[33] Vgl. Werdenich (2008, S. 33, 62 f.).

[34] Vgl. Heesen (2011, S. 28, 314).

[35] Vgl. Heesen (2011, S. 28).

[36] Vgl. Ertl (2004, S. 4).

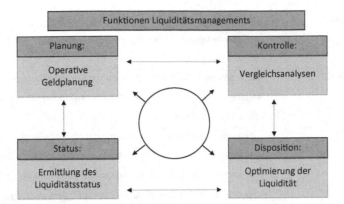

Abb. 2.5 Funktionen des Liquiditätsmanagement. (eigene Darstellung in Anlehnung an Nitsch und Niebel 1997, S. 43)

2.2 Liquiditätsmanagement als Teil des Finanzmanagements

2.2.1 Definition Finanzmanagement

Wie bereits im vorherigen Kapitel erläutert, ist das Liquiditätsmanagement der operative Teil des Finanzmanagements. Da das Liquiditätsmanagement die strategischen und taktischen Entscheidungen des Finanzmanagements umsetzt[37], werden in diesem Kapitel die Ziele und Aufgaben des Finanzmanagements erläutert. Anschließend werden die wesentlichen Merkmale des Finanz- und Liquiditätsmanagements zur Abgrenzung gegenübergestellt.

In der Literatur wird das Finanzmanagement verschieden diskutiert. Abbildung 2.6 führt hierzu drei unterschiedliche Definitionen auf, anhand derer ein Verständnis für diese Arbeit gegeben werden soll.

Die traditionelle Auffassung vertritt unter anderem Prätsch. Sie greift neben den monetären Aspekten auch die wertorientierten Entscheidungen im Bereich Finanzierung und Investition auf. Finanzwirtschaftliche Entscheidungen betreffen den notwendigen Kapitalbedarf und die Kapitaldeckung, um den Leistungsprozesses sicherzustellen.[38] Gemäß der modernen Definition des Finanzmanagements nach Perridon u. a. sind finanzwirtschaftliche Entscheidungen zudem stets unter der Beachtung des finanzwirtschaftlichen Gleichgewichts im Kontext der Rentabilität, Liquidität, Sicherheit und Flexibilität zu treffen.[39] Eilenberger ergänzt die beiden Definitionen um die Funktion und Organisation des Finanzmanagements.[40]

---

[37] Vgl. Eilenberger (2003, S. 46).

[38] Vgl. Prätsch et al. (2012, S. 3,10).

[39] Vgl. Perridon et al. (2012, S. 11).

[40] Vgl. Eilenberger (2003, S. 62 f.).

Prätsch u. a. (2012)	„(...)die nachhaltige Unternehmenswertsteigerung unter Beachtung der strengen Nebenbedingung „Sicherung der Zahlungsfähigkeit" als operative Handlungsmaxime."[1]
Perridon u. a. (2012)	„Dem Management fällt (..) die Aufgabe zu, die Existenz der Unternehmung durch Erhaltung des finanzwirtschaftlichen Gleichgewichts dauerhaft zu sichern."[2]
Eilenberger (2003)	„Zum einen lässt sich Finanzmanagement als die zielgerichtete Steuerung und Regelung der betrieblichen Finanzwirtschaft (als ein Subsystems des soziotechnischen Systems „Unternehmung") im funktionalen Sinne charakterisieren(...). Zum anderen kann unter Finanzmanagement das Positions-, Interaktions-, und Kompetenzgefüge der (Führungs-) Entschei dungsträger der betriebswirtschaftlichen Finanzwirtschaft im institutuionalen Sinne (= Organisation der betrieblichen Finanzwirtschaft) verstanden werden. (...)"[3]

Abb. 2.6 Begriffsdefinition Finanzmanagement. (Prätsch et al. 2012, S. 3; Perridon et al. 2012, S. 8; Eilenberger 2003, S. 62 f.)

Hier wird dem modernen Verständnis von Finanzmanagement gefolgt. Es greift den integrierten Management-Ansatz auf, indem es sowohl die strategische (Sicherstellung der Existenz) wie auch die operative (Sicherstellung des finanzwirtschaftlichen Gleichge-wichts) Zielsetzung mit einschließt und miteinander verbindet. Finanzwirtschaftliche Ent-scheidungen berücksichtigen die Auswirkungen auf die Rentabilität, Liquidität, Sicher-heit und Flexibilität. Hierbei ist auf ein ausgewogenes Verhältnis zwischen den einzelnen Aspekten zu achten. Eilenberger verdeutlicht die institutionelle Sichtweise des Finanz-managements. Finanzwirtschaftliche Entscheidungen sind in den verschiedenen Manage-mentebenen verankert. Durch die oberste Führungsebene wird der normative Rahmen durch die Finanzpolitik definiert. Weitere Entscheidungen über die Gestaltung und Len-kung der Finanzwirtschaft erfolgt auf der strategischen bzw. operativen Managementebe-ne. Weiter definiert Eilenberger die Managementfunktionen durch die Planung, Steuerung und Kontrolle.[41] Folglich ergibt sich nachstehende Definition des Finanzmanagements:

► Das normative, strategische und operative Finanzmanagement umfasst die zielgerichtete Entwicklung, Gestaltung und Lenkung der betrieblichen Finanz-wirtschaft mit dem Ziel, die Existenz der Unternehmung durch Erhaltung des finanzwirtschaftlichen Gleichgewichts dauerhaft zu sichern.

---

[41] Vgl. Eilenberger (2003, S. 62–64).

2.2.2   Ziele des Finanzmanagements

Ziel des Finanzmanagements ist es, die Existenz sicherzustellen, indem das finanzielle Gleichgewicht bewahrt wird.[42] Damit ein Unternehmen langfristig besteht, sind Erfolgspotentiale in den strategischen Geschäftsfeldern auf- bzw. auszubauen. Hierdurch wird langfristig der Unternehmenswert gesteigert. Da es für den Ausbau von Erfolgspotentialen liquider Mittel bedarf, stellt ausreichend Liquidität eine systemindifferente Voraussetzung für die Lebensfähigkeit einer Unternehmung dar.[43]

Ein finanzielles Gleichgewicht liegt vor, wenn eine Unternehmung zugleich die Voraussetzungen der Rentabilität und der Liquidität erfüllt. Das strukturelle Gleichgewicht bezieht sich auf die Rentabilität. Es ist gegeben, wenn die Erträge mindestens den Aufwendungen eines Unternehmens entsprechen. Das dispositive Gleichgewicht bezieht sich auf die Liquidität. Demnach ist das dispositive finanzielle Gleichgewicht gegeben, wenn eine Unternehmung über ausreichend liquide Mittel verfügt, um den Zahlungsforderungen jederzeit nachzukommen.[44]

Ferner beachtet eine Unternehmung bei finanzwirtschaftlichen Entscheidungen die Flexibilität und Sicherheit. Aus finanzwirtschaftlicher Perspektive ist eine Unternehmung flexibel, wenn es über sein Kapital frei disponieren kann, sowie jederzeit neues Kapital beschaffen und Fremdkapital tilgen kann. Unternehmungen sollten stets die Finanzierungsalternative wählen, bei der eine möglichst große Dispositionsfreiheit über die finanziellen Mittel bewahrt bleibt.[45] Entscheidungen über Investitionen und Finanzierungen reichen in die Zukunft und sind daher mit Unsicherheit behaftet. Durch das Finanzmanagement sollte eine möglichst große Sicherheit bezüglich der Rückerstattung der eingesetzten Mittel und der Verschuldung bei Kapitalaufnahmen erwirkt werden.[46] Informationen über liquiditätsgefährdende Risiken erhält ein Krankenhaus durch das Risikomanagement.[47] Sämtliche unternehmungsgefährdende Risiken werden erfasst und hinsichtlich ihrer Eintrittswahrscheinlichkeit und Schadenshöhe identifiziert. Das Finanzmanagement ist dadurch in der Lage, potentielle Risiken frühzeitig zu erfassen und entsprechende Gegenmaßnahmen einzuleiten.[48]

---

[42] Vgl. Perridon et al. (2012, S. 8).

[43] Vgl. Horváth (2011, S. 439).

[44] Vgl. Perridon et al. (2012, S. 8), Wöhe et al. (2013, S. 27).

[45] Vgl. Neubauer und Minartz (2011, S. 6).

[46] Vgl. Prätsch et al. (2012, S. 13).

[47] Seit dem Inkrafttreten des Gesetzes für Kontrolle und Transparenz im Unternehmensbereich (KonTraG), ist ein Risikomanagement, welches frühzeitig bestandsgefährdende Risiken (und somit auch Liquiditätsrisiken) erkennt, für kapitalmarktorientierte Unternehmen verpflichtend (vgl. KonTraG v. 27.04.1998, BGBl I 1998/24, S. 787.) Ferner greift für Krankenhäuser die Regelung des § 289 HGB. Demnach ist ein Risikomanagementsystem einzuführen, welches die wesentlichen Chancen und Risiken eines Unternehmens erfasst (Vgl. § 289 HGB).

[48] Vgl. Bächstädt (2008, S. 151).

2.2.3   Aufgaben des Finanzmanagements

Die Aufgaben des Finanzmanagements umfassen die Planung, Steuerung und Kontrolle der finanzwirtschaftlichen Aktivitäten.

Die finanzwirtschaftliche Planung dient zur Vermeidung von zukünftigen Unsicherheiten. Hierdurch werden etwaige Ereignisse prospektiv durchdacht und aktiv gestaltet. Die Planung umfasst die strategische, operative und taktische Planung. Die strategische Planung ist langfristig und erfolgt anhand der Analyse von Chancen und Risiken, beziehungsweise Stärken und Schwächen. Anhand der strategischen Ausrichtung, generiert das Finanzmanagement die Finanzpolitik und definiert Frühindikatoren, um die jeweilige Entwicklung sowie potentielle Risiken rechtzeitig zu erkennen. Weiterhin umfasst die strategische Planung langfristige Finanzierungs- und Investitionsentscheidungen zur strategischen Positionierung des Unternehmens.[49] Aufbauend auf der strategischen Planung erfolgt die mittelfristige Konkretisierung in der taktischen und operativen Planung. Hierin werden notwendige Anpassungen an die Umweltveränderungen vorgenommen.[50] Die übergeordneten Ziele und Gesamtpläne werden letztlich in Teilziele und Maßnahmenpakete operationalisiert. Auf der taktischen Ebene erfolgt dann die Ausführungsplanung.[51]

Aufbauend auf der Planung, steuert und kontrolliert das Finanzmanagement die finanzwirtschaftlichen Entscheidungen. Während der Umsetzung lenkt das Finanzmanagement zielorientiert das geplante Vorhaben. Die Kontrolle erfolgt parallel zur Durchführung. Abweichungen zwischen den realisierten Ergebnissen und den Planvorgaben führen zu einer Abweichungsanalyse. Die generierten Informationen gehen anschließend wieder in den Planungsprozess ein und führen zu einer Plananpassung.

2.2.4   Abgrenzung Finanz- und Liquiditätsmanagement

Das Finanzmanagement und als Teilbereich davon das Liquiditätsmanagement sichern die Liquidität im Krankenhaus.[52] Das Finanzmanagement befasst sich darüber hinaus mit strategischen Fragestellungen der Finanzierung von Investitionen, um ein Unternehmen aufrecht zu erhalten und durch den Ausbau von Erfolgspotentialen, das Unternehmen nachhaltig zu sichern bzw. den Unternehmenswert zu steigern.[53]

Die Entscheidungen im Finanzmanagement sind langfristig und umfassen häufig einen Planungshorizont von maximal sechs Jahren.[54] Des Weiteren bedarf es einer laufenden und situativen Liquiditätssicherung des Geschäfts durch das Liquiditätsmanagement.

---

[49] Vgl. Eilenberger (2003, S. 62 f.).

[50] Vgl. Eilenberger (2003, S. 62 f.).

[51] Vgl. Eilenberger (2003, S. 63 f.), Perridon et al. (2012, S. 663).

[52] Vgl. Eilenberger (2003, S. 46).

[53] Vgl. Perridon et al. (2012, S. 8), Gleich et al. (2011, S. 21).

[54] Vgl. Reichmann (2006, S. 254–257).

	Ziel	Gegenstand	Planungshorizont
Finanz-management	strukturelle Liquiditätssicherung	Vermögens-/ Kapitalbestand	lang-/mittelfristig (bis max. 6 Jahre)
Liquiditäts-management	dispositive Liquiditätssicherung	Zahlungsströme	kurzfristig (bis max. 1 Jahr)

Abb. 2.7 Abgrenzung Finanz- und Liquiditätsmanagement. (eigene Darstellung)

Gegenstand des Liquiditätsmanagements sind die Zahlungsströme einer Einrichtung. Aufgabe des Liquiditätsmanagements ist es, das finanzwirtschaftliche Gleichgewicht zu erreichen, so dass eine Unternehmung jederzeit seinen Zahlungsverpflichtungen nachkommen kann.[55] Betreffen die Entscheidungen die Investitionsfinanzierung, geht das Liquiditätsmanagement in das Finanzmanagement über.[56] Abbildung 2.7 verdeutlicht zusammenfassend die Unterschiede zwischen dem Finanz- und dem Liquiditätsmanagement.

2.3   Cashflow-Analysen

2.3.1   Begriffsdefinition Cashflow

Um das finanzwirtschaftliche Gleichgewicht zu erreichen, erfasst und lenkt ein Krankenhaus die Liquidität durch das Liquiditätsmanagement. Die hierzu notwendigen Informationen über die Zahlungsmittelbestände und -ströme des Unternehmens werden durch die Gegenüberstellung verfügbarer sowie erwarteter Zahlungsmittel und den fälligen bzw. anstehenden Zahlungsausgängen generiert. Der Cashflow ist die einzige Kennzahl, die Zahlungsströme erfasst. In der Literatur wird der Cashflow unterschiedlich diskutiert. Grund hierfür ist, dass dem Cashflow keine theoretische Konzeption zugrunde liegt und als anwendungsbezogenes Instrument für unterschiedliche Zielsetzungen konstruiert wurde.[57] Ursprünglich wurde der Cashflow in den Vereinigten Staaten in den fünfziger Jahren von Finanzanalytikern zur Analyse von Wertpapieren entwickelt und weiter für die Bilanzanalyse verwendet. Seit den sechziger Jahren ist der Cashflow in Europa verbreitet.[58] Die im Wesentlichen zu nennenden Cashflow-Definitionen zeigt Abb. 2.8.

Eine weit angelegte Cashflow-Definition, die überwiegend im anglo-amerikanischen Sprachraum vertreten wird, liefern Bitz und Terstege. Der Cashflow definiert sich als allgemeiner Zahlungsstrom aus der Investition in Aktien oder Sachanlagen. Hierbei unter-

---

[55] Vgl. Eilenberger (2003, S. 46).

[56] Vgl. Schmalen und Pechtl (2006, S. 407).

[57] Vgl. Wagner (1985, S. 1601) zitiert nach Siener (1991, S. 34).

[58] Vgl. Siener (1991, S. 33 f.), Siegwart (1989, S. 13 f.).

Bitz, M., Terstege, U. (2002)	*„… Der Cash Flow [kann] … als Zahlungsstrom bezeichnet werden, den ein Anleger wegen des Erwerbs bestimmter Aktien erwartet, und in einem anderen Kontext der Zahlungsstrom, der mit der Durchführung einer bestimmten Realinvestition verbunden ist."*[1]
Siener, F. (1991)	*„Ertragseinzahlungen abzüglich Aufwandsauszahlungen – verändert um den Saldo einiger bestimmter Bilanzposten – eines Geschäftsjahres"*[2]
Franke, G., Hax, H. (1999)	*„Cashflow [ist] der periodenbezogene Saldo ganz bestimmter Einzahlungs- und Auszahlungsgrößen .., der in anderen Zusammenhängen auch als Innenfinanzierung bezeichnet wird."*[3]

Abb. 2.8 Begriffsdefinition Cashflow. (Bitz und Terstege 2002, S. 2; Siener 1991, S. 67; Franke und Hax 1999, S. 15)

liegt der Cashflow keinen definierten Gestaltungskriterien[59] und ist daher für diese Arbeit zu undifferenziert. Siener definiert in einer anderen Variante den Cashflow als eine jahres-abschlussanalytische Kennzahl zur Analyse der finanziellen Lage einer Unternehmung. Indem durch den Cashflow zahlungsunwirksame Vorgänge aus dem Jahresüberschuss be-reinigt werden, wird der Cashflow den Anforderungen der Gläubiger gerecht. Sie fordern eine objektive Größe zur Bewertung der Ertragskraft des Unternehmens. Die Anwender-gruppe sind somit primär externe Analysten.[60] Die dritte Definitionsvariante von Franke und Hax beschreibt den Cashflow als Instrument zur internen Analyse der Finanzkraft von Unternehmen. Der Cashflow verdeutlicht die Herkunft und die Verwendung finanzieller Mittel, sowie die Veränderung der Liquidität innerhalb einer Periode. Im Gegensatz zur er-tragswirtschaftlichen Betrachtung nach Siener liefert der finanzwirtschaftliche Cashflow die notwendige Transparenz für finanzwirtschaftliche Entscheidungen[61] und ist daher für den Zeck dieser Arbeit geeignet. Der Cashflow kann für unterschiedliche Zwecke ermit-telt werden. In der Ex-post-Betrachtung liefert er Informationen über die finanzwirtschaft-lichen Entwicklung vergangener Perioden. Darüber hinaus ist zur Liquiditätssteuerung eine Ex-ante-Betrachtung erforderlich.[62]

2.3.2 Cashflow als Kennzahl der Finanzkraft

Der Cashflow ist eine zentrale Kennzahl zur Beurteilung der Finanzkraft eines Kranken-hauses und zur Krankenhauslenkung.[63] Während Bilanzkennzahlen statische Kennzah-len sind, die sich auf die Vermögensveränderungen fokussieren, betrachtet der Cashflow als einzige Kennzahl zusätzlich die Veränderung der Liquidität, die aus der Bestimmung

---

[59] Vgl. Bitz und Terstege (2002, S. 2).
[60] Vgl. Siener (1991, S. 39–41).
[61] Vgl. Perridon et al. (2012, S. 614–617).
[62] Vgl. Lachnit und Müller (2012, S. 182).
[63] Vgl. Zapp et al. (2010, S. 40), Havighorst (2004, S. 50).

von Einzahlungen und Auszahlungen resultieren. Um den Cashflow zu berechnen, hat sich international das Cashflow-Statement (auch als Kapitalflussrechnung bezeichnet) bewährt.

Das Cashflow-Statement stellt die Verbindung zwischen der Bilanz, Erfolgsrechnung und der tatsächlichen Veränderung der Liquidität dar.[64] Die Bilanz zeigt auf der Aktivseite die Vermögensgegenstände. Auf der Passivseite wird das hierfür verwendete Kapital zu einem bestimmten Zeitpunkt aufgeführt. Die Erfolgsrechnung ermittelt gesondert die Passiv-Position Eigenkapital über die Aufwendungen und Erträge. Die Veränderung des Eigenkapitals zwischen zwei Bilanzstichtagen stellt den Gewinn dar. Jedoch wird der Gewinn durch bilanzpolitische Bewertungen und Periodenabgrenzungen beeinflusst, so dass er nicht den liquiden Mitteln eines Krankenhauses entspricht. Das Cashflow-Statement zeigt die Veränderung der Liquidität, indem zahlungsunwirksame Geschäftsfälle abgegrenzt und lediglich Geschäftsfälle erfasst werden, die zu Ein- und Auszahlungen führen.[65] Hierzu werden die Geschäftsfälle hinsichtlich ihrer Liquiditätswirksamkeit untersucht. Grundsätzlich werden vier Fälle unterschieden:

- diejenigen, die ausschließlich liquiditätswirksam sind (z. B. Barzahlungen von Lieferanten)
- diejenigen, die ausschließlich erfolgswirksam sind (z. B. Kauf/Verkauf auf Ziel)
- diejenigen, die erfolgs- und liquiditätswirksam sind (z. B. Bezahlung von Löhnen und Gehältern, Zinsaufwendungen, in der gleichen Periode bezahlte Verkäufe)
- diejenigen, die ausschließlich vermögens- und kapitalwirksam sind (z. B. Umwandlung von Fremdkapital in Eigenkapital).[66]

Abbildung 2.9 zeigt, welche Geschäftsvorfälle zahlungswirksam bzw. zahlungsunwirksam sind und somit durch den Cashflow-Statement erfasst bzw. ausgegrenzt werden.

Zweck des Cashflow-Statements ist es, die Zahlungsströme und Zahlungsmittelbestände einer Berichtsperiode aufzuzeigen. Darüber hinaus verdeutlicht die Rechnung, durch welche Aktivitäten ein Unternehmen die Zahlungsmittel und Zahlungsmitteläquivalente erwirtschaftet hat und durch welche Investitions- und Finanzierungstätigkeiten die finanziellen Mittel verwendet wurden.[67]

Nach dem HGB ist eine Cashflow-Berechnung anhand des Cashflow-Statements nur für Konzerngesellschaften[68] und kapitalmarktorientierte Unternehmen verpflichtend.[69] Für die Gestaltung des Cashflow-Statements existieren in der deutschen Rechtsprechung

---

[64] Vgl. Losbichler (2012, S. 18, 30–32).

[65] Vgl. Losbichler (2012, S. 16–20).

[66] Vgl. Losbichler (2012, S. 23), vgl. Drukarczyk (2008, S. 69).

[67] Vgl. DRS 2., Rn. 1.

[68] Vgl. § 297 Abs. 1 S. 1 HGB.

[69] Vgl. § 264 Abs. 1, S. 2 HGB.

Geschäfts-vorfälle	Wirkungsbeziehung zu			Bewegungen
	Liquidität (Cashflow)	Eigenkapital (Gewinn)	Sonstige Bilanzpositionen	
liquiditätswirksam (z. B. Tilgung von Verbindl. a. LuL.)	gegeben		gegeben	Einzahlungen kein Ertrag Auszahlungen kein Aufwand
erfolgswirksam (z. B. Kauf/ Verkauf auf Ziel)		gegeben	gegeben	Ertrag keine Einzahlungen Aufwand keine Auszahlungen
erfolgs- und liquiditätswirksam (z. B. Bezahlung von Mietaufwendungen)	gegeben	gegeben		**Einzahlung und Ertrag Auszahlung und Aufwand**
vermögens- und kapitalwirksam (z. B. Umwandl. v. Krediten in Beteiligungen)			gegeben	Keine Ein-/ Auszahlungen oder Ertrag/ Aufwand

Abb. 2.9 Geschäftsfälle und ihre Auswirkungen auf Liquidität und Erfolg. (eigene Darstellung in Anlehnung an Losbichler (2012, S. 23))

keine konkreten Angaben. Unternehmen wird jedoch empfohlen den Deutschen Rechnungslegungsstandard Nr. 2 anzuwenden.[70]

Das Cashflow-Statement untergliedert sich in den Finanzmittelfond und in die Ursachenrechnung. Der Finanzmittelfond stellt die liquiden Mittel, bestehend aus Zahlungsmitteln und Zahlungsäquivalenten eines Unternehmens dar.[71] Die Zahlungsmittel bestehen aus dem Kassenbestand, Bundesbankguthaben sowie dem Guthaben bei Kreditinstituten und Schecks. Zum anderen enthält der Finanzmittelfond Zahlungsäquivalente, die als Finanzmittel definiert werden und dem Unternehmen als Liquiditätsreserven zur Verfügung stehen. Diese können jederzeit in Zahlungsmittel umgewandelt werden, wobei sie nur geringfügigen Wertschwankungsrisiken unterliegen und innerhalb von drei Monaten liquidierbar sind (z. B. Wertpapiere).[72] Die Ursachenrechnung erklärt die Veränderung der liquiden Mittel durch die Zahlungsströme eines Krankenhauses. Hierzu werden in der

---

[70] Vgl. Küting und Weber (2012, S. 648).

[71] Vgl. DRS 2, Rn. 16–18.

[72] Vgl. DRS 2, Rn. 16–18.

Ursachenrechnung die Finanzmittelbewegungen der drei Cashflows „Cashflow aus laufender Geschäftstätigkeit", „Cashflow aus Investitionstätigkeit" und „Cashflow aus der Finanzierungstätigkeit" aufgeführt. Die Summe aus Cashflows (Veränderung der liquiden Mittel) und dem Anfangsbestand der liquiden Mittel ergeben den Zahlungsmittelbestand bzw. Finanzmittelfond zum Ende der Periode.[73]

2.3.2.1 Ermittlungsmethode des Cashflows

Das Cashflow-Statement kann nach der originären und der derivativen Form ermittelt werden. Nach der originären Ermittlungsmethode werden die zahlungswirksamen Geschäftsvorfälle aus der Finanzbuchhaltung generiert und direkt den entsprechenden Cashflows zugeordnet. Dementsprechend berechnet sich der Cashflow anhand tatsächlicher Zahlungsströme in den jeweiligen Geschäftsbereichen. In der Praxis geläufiger ist jedoch die derivative Methode. Gemäß der derivativen Methode werden die Zahlungsströme aus der Bilanz und der Gewinn- und Verlustrechnung eines Krankenhauses abgeleitet.[74] Das derivative Verfahren wiederum ermittelt den Cashflow nach der direkten und der indirekten Methode. Ausgangspunkt der direkten Methode ist der Umsatzerlös eines Krankenhauses. Hierauf aufbauend werden die Ein- und Auszahlungen gegenübergestellt. Bei der indirekten Methode ist der Jahreserfolg der Gewinn- und Verlustrechnung (GuV) der Ausgangspunkt der Ermittlungsmethode. Um vom Jahreserfolg zum Cashflow zu gelangen sind zahlungsunwirksame Erträge und Aufwendungen herauszunehmen. Ferner sind solche Geschäftsvorfälle zu erfassen, die nicht durch die GuV erfasst werden, aber zahlungswirksam sind.[75]

Das indirekte Verfahren gliedert sich in folgende drei Schritte:

1. *Erstellung der Beständedifferenzbilanz:*
Zunächst erstellt eine Unternehmung anhand zweier aufeinanderfolgender Bilanzen eine Beständedifferenzbilanz. Diese demonstriert durch die Subtraktion der aktuellen Werte aus den Vorjahreswerten die Zu- und Abnahme der Bilanzpositionen.[76]

2. *Erstellung der Veränderungsbilanz:*
In einem weiteren Schritt wird aus der Beständedifferenzbilanz die Veränderungsbilanz (auch Finanzierungsrechnung genannt) abgeleitet. Hierzu sind die Bestandsveränderungen der Mittelverwendung und der Mittelherkunft zuzuordnen. Auf der Seite der Mittelverwendung werden die Aktivzunahmen und Passivabnahmen, auf der Seite der Mittelherkunft die Aktivabnahmen und die Passivzunahmen gruppiert. Eine höhere Aussage-

---

[73] Vgl. Losbichler (2012, S. 37), vgl. Wolke (2010, S. 96).

[74] Vgl. Baetge et al. (2013, S. 483).

[75] Vgl. Baetge et al. (2013, S. 484).

[76] Vgl. Perridon et al. (2012, S. 640).

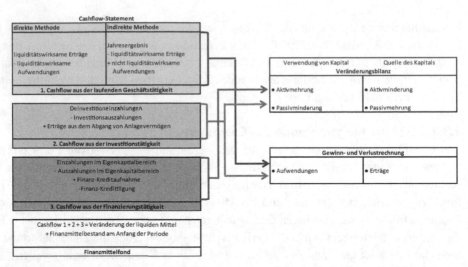

Abb. 2.10 Aufbau eines integrierten Cashflow-Statements. (eigene Darstellung in Anlehnung an Lachnit und Müller (2012, S. 194))

kraft erreicht ein Unternehmen, indem es die Finanzmittel nach ihrer Fristigkeit und die Investitionen/Finanzierungen nach ihrer Bindungsdauer strukturiert.[77]

Zusätzlich werden die Veränderungen der Erfolgspositionen innerhalb des Jahres in die Rechnung mit einbezogen. Die Seite der Mittelherkunft zeigt dann die Innenfinanzierung durch den Gewinn, Rücklagenveränderungen sowie Abschreibungen und Rückstellungen. Demgegenüber steht die Eigenkapitalminderung durch Gewinnausschüttung, Kapitalentnahmen und Bilanzverlust.

Die Veränderungsbilanz gibt dem Krankenhaus Auskunft über den Umgang mit seinen Finanzen, sowie deren Liquiditätsauswirkung.[78]

3. *Erstellung des Cashflow-Statements:*
Die Veränderungsbilanz stellt die Basis für das Cashflow-Statement dar. Im letzten Schritt sind zahlungsunwirksame Vorgänge (wie beispielsweise Abschreibungen und Rückstellungen) herauszulösen und die Zahlungsströme in die Geschäftsbereiche operatives Geschäft, Investitionstätigkeit und Finanzierungstätigkeit zu differenzieren. Im Ergebnis zeigt das Cashflow-Statement den Finanzmittelfond, der sich aus der Summe der drei Cashflows zusammensetzt.[79] Die Zusammenhänge zwischen der Veränderungsbilanz, Gewinn- und Verlustrechnung und dem Cashflow-Statement verdeutlicht Abb. 2.10.

[77] Vgl. Perridon et al. (2012, S. 642–646).
[78] Vgl. Perridon et al. (2012, S. 642–646).
[79] Vgl. Wolke (2010, S. 92 f.).

2.3.2.2   Cashflow aus der laufenden Geschäftstätigkeit

Der „Cashflow aus laufender Geschäftstätigkeit" bezeichnet den Zahlungsmittelüberschuss oder die Zahlungsmittelunterdeckung aus dem operativen Geschäft innerhalb einer Periode.

Der Vorteil des Cashflows aus der laufenden Geschäftstätigkeit gegenüber dem Jahresüberschuss besteht darin, dass dieser nicht durch bilanzpolitische Maßnahmen manipuliert ist. Ebenfalls gibt er an, inwiefern das Betriebsergebnis durch zahlungsunwirksame Vorgänge beeinflusst wurde.[80]

Einschränkend anzumerken ist, dass die Kennzahl nicht zum Betriebsvergleich geeignet ist, da der Cashflow in Abhängigkeit der Branche, Betriebsgröße und Anlagenintensität variiert.[81] Ein weiterer Kritikpunkt ist, dass der Cashflow aus der laufenden Geschäftstätigkeit ausschließlich Zahlungsströme einbezieht. Allerdings erfüllen zahlungsunwirksame Aufwendungen und Erträge bestimmte Funktionen. Beispielsweise verringern Abschreibungen den Unternehmensgewinn zum Bilanzstichtag und tragen somit zu einer nachhaltigen Unternehmensführung bei.[82]

Der „Cashflow aus laufender Geschäftstätigkeit" kann durch die direkte oder indirekte Methode festgestellt werden. Die direkte Ermittlungsmethode stellt die Ein- und Auszahlungen der zahlungswirksamen Geschäftsvorfälle direkt gegenüber.[83] Ausgehend von den Erträgen und Aufwendungen der Gewinn- und Verlustrechnung klassifiziert der Anwender die Geschäftsvorfälle. Erträge und Aufwendungen, die zu Ein- und Auszahlungen führen, gehen in die Cashflow-Berechnung ein. Solche, die lediglich zur Periodenabgrenzung der Rechnungslegung dienen, sind für die Berechnung nicht relevant.[84] Zudem beinhaltet die direkte Berechnung Bestandsveränderungen (Investitions- und Finanzierungsvorgänge) aus der Bilanz, die zwar erfolgsneutral (und somit nicht in der GuV enthalten), aber zahlungswirksam sind.[85] Andererseits erfassen die Bestandsveränderungen der Bilanz zahlungsmittelunwirksame Vorgänge (kalkulatorische Abgrenzungen) der Erfolgsrechnung. Das sind Veränderungen des Working Capital.[86] Working Capital bezeichnet das Betriebskapital, das durch die Veränderung des Umlaufvermögens und der kurzfristigen Verbindlichkeiten berechnet wird.[87] Das Umlaufvermögen umfasst auch die Vorräte. Diese werden in der Erfolgsrechnung durch die Position „Bestandsveränderungen" erfasst.[88] Die Position „Bestandsveränderungen" bzw. „Erhöhung und Verminderung des Bestands an fertigen und unfertigen Erzeugnissen" resultiert daraus, dass sich die Menge oder der

---

[80] Vgl. Wiehle et al. (2010, S. 82), vgl. Baetge et al. (2004, S. 273).

[81] Vgl. Baetge et al. (2004, S. 273).

[82] Vgl. Bieg und Kussmaul (2000, S. 195).

[83] Vgl. DRS 2, Rn. 26.

[84] Vgl. Behringer (2010, S. 66).

[85] Vgl. Siener (1991, S. 129).

[86] Vgl. Lachnit (1989, S. 132) zitiert nach Lachnit und Müller (2012, S. 188).

[87] Vgl. Werdenich (2008, S. 265).

[88] Vgl. Werdenich (2008, S. 265).

Einzahlungen von Kunden für den Verkauf von Erzeugnissen, Waren und Dienstleistungen
-    Auszahlungen an Lieferanten und Beschäftigte
+   Sonstige Einzahlungen, die nicht der Investitions- oder Finanzierungstätigkeit zuzuordnen sind
-    Sonstige Auszahlungen, die nicht der Investitions- oder Finanzierungstätigkeit zuzuordnen sind
+/- Ein- und Auszahlungen aus außerordentlichen Posten
=   **Cashflow aus der laufenden Geschäftstätigkeit**

Abb. 2.11 Cashflow aus der laufenden Geschäftstätigkeit – Direkte Methode. (eigene Darstellung in Anlehnung an den DRS 2, Rn. 28)

Wert der Bestände verändert. Letzteres ist ein zahlungsunwirksamer Vorgang, den der Cashflow nicht erfasst. Da den „Bestandsveränderungen" keine Ein-und Auszahlungen vorliegen, handelt es sich um einen Korrekturposten. Die „Bestandsveränderungen" werden nicht in die direkte Cashflow-Berechnung aufgenommen. Die mengenmäßige Zu-/ Abnahme der Vorratsbestände wird durch die Erfolgsposition „Materialaufwand" erklärt.[89] Die im Working Capital enthaltenen liquiden Mittel werden nicht erfasst, da diese sich durch die Veränderung der Cashflows begründen.[90] Folglich berücksichtigt die direkte Cashflow-Methode die Erhöhung und Verminderung des Working Capital, bezogen auf die Forderungen und Verbindlichkeiten aus Lieferungen und Leistungen. Hierdurch werden zahlungsunwirksame Vorfälle der Periodenabgrenzung in der GuV eliminiert. Die Erfolgsrechnung verbucht Erträge und Aufwendungen, welche aufgrund von Zahlungszielen dem Krankenhaus erst später zu- oder abfließen. Unternehmen berücksichtigen diese unterjährigen kalkulatorischen Abgrenzungen, indem die Erlöse um den Anstieg der Forderungen korrigiert werden. Umgekehrt verhält es sich bei den Verbindlichkeiten, die erst in späteren Perioden zu Auszahlungen führen. Hierfür werden verbuchte Aufwendungen um die Zunahme der Verbindlichkeiten gesenkt.[91] Der Deutsche Rechnungslegungsstandard Nr. 2 sieht die Mindestgliederung in Abb. 2.11 vor.

Bei Anwendung der indirekten Methode bereinigt ein Unternehmen den Jahresüberschuss um die zahlungsunwirksamen Vorgänge sowie die Aufwendungen und Erträge, die der Investitions- und Finanzierungstätigkeit zuzuordnen sind. Die Berechnung zeigt, welche zahlungsunwirksamen Vorgänge aus dem Jahresüberschuss abgezogen werden. Darüber hinaus berücksichtigt der Cashflow aus der laufenden Geschäftstätigkeit die Veränderung der kurzfristigen Bilanzpositionen. Somit fließen zahlungsunwirksame Vorgänge ein, die nicht in der Erfolgsrechnung enthalten sind.[92] Eine Ausnahme bilden die flüssigen Mittel. Sie zählen ebenfalls zum Umlaufvermögen, sind jedoch als Summe aus den drei Cashflows in dem Cashflow-Statement bereits enthalten. Zunahmen des Umlaufvermögens sind Aktivmehrungen und werden entsprechend als Zahlungsmittelabfluss interpretiert. Verzeichnet die Veränderungsbilanz beispielsweise eine Zunahme der Medikamentenvorräte, dann deutet dies auf den Kauf von Medikamenten hin. Dementgegen nehmen

---

[89] Vgl. Siener (1991, S. 86 f.), vgl. Von Wysocki (1998), S. 43–45).

[90] Vgl. Wolke (2010, S. 94).

[91] Vgl. Wolke (2010, S. 94), vgl. Von Wysocki (1998, S: 69–78).

[92] Vgl. Wolke (2010, S. 92 f.).

	Jahresergebnis (einschließlich Ergebnisanteilen von Minderheitsgesellschaftern) vor außerordentlichen Posten
+/-	Abschreibungen/Zuschreibungen auf Gegenstände des Anlagevermögens
+/-	Zunahme/Abnahme der Rückstellungen
+/-	Sonstige zahlungsunwirksame Aufwendungen/Erträge (bspw. Abschreibungen auf ein aktiviertes Disagio)
-/+	Gewinn/Verlust aus dem Abgang von Gegenständen des Anlagevermögens
-/+	Zunahme/Abnahme der Vorräte, der Forderungen aus Lieferungen und Leistungen sowie andere Aktiva, die nicht der Investitions- oder Finanzierungstätigkeit zuzuordnen sind
+/-	Zunahme/Abnahme der Verbindlichkeiten aus Lieferungen und Leistungen sowie andere Passiva, die nicht der Investitions- oder Finanzierungstätigkeit zuzuordnen sind
+/-	Ein- und Auszahlungen aus außerordentlichen Posten
=	**Cashflow aus der laufenden Geschäftstätigkeit**

Abb. 2.12 Cashflow aus der laufenden Geschäftstätigkeit – Indirekte Methode. (eigene Darstellung in Anlehnung an DRS 2, Rn. 29)

die liquiden Mittel zu, sobald ein Krankenhaus Vorräte beispielsweise Medikamente veräußert. Auf der Passivseite verhält es sich umgekehrt. Tilgt ein Unternehmen Verbindlichkeiten aus Lieferungen und Leistungen, kommt es zu einer Passivminderung. Gelder, z. B. für den Kauf von Medikamenten, fließen ab. Beim Erwerb von Medikamenten auf Ziel nehmen die Verbindlichkeiten aus Lieferung und Leistung und somit die flüssigen Mittel zu (Passivmehrung).[93] Hierbei ist anzumerken, dass aufgrund der Bestandsveränderung, die über die Vorräte der Bilanz erfasst werden, die Erfolgsrechnung um die Position „Bestandsveränderungen" bzw. „Erhöhung und Verminderung des Bestands an fertigen und unfertigen Erzeugnissen" zu kompensieren ist.[94] Abbildung 2.12 zeigt die Gliederung der indirekten Methode.

Ein positiver Cashflow aus der laufenden Geschäftstätigkeit deutet auf eine gute Innenfinanzierungskraft hin. Die Umsatzerlöse eines Krankenhauses decken die Kosten des operativen Geschäfts und überschüssige Mittel können reinvestiert werden.[95]

Beide Methoden müssen zu einem identischen Ergebnis führen, wenn einheitliche Ermittlungs- und Abgrenzungskriterien angewendet werden. In der Literatur wird die Entscheidung für oder gegen ein Verfahren unterschiedlich behandelt. Entgegengesetzte Meinungen herrschen darüber, ob die indirekte Ermittlungsmethode mit weniger Rechenaufwand verbunden ist als die direkte Methode.[96] Dieser Aussage wird ausschließlich zugestimmt, wenn hierbei von vereinfachten Berechnungsmethoden (wie etwa die Cashflow-Berechnung mit der Praktikerformel, die Working-Capital-Veränderungen nicht berücksichtigt) ausgegangen wird.[97] Andernfalls sind sämtliche Geschäftsvorfälle

---

[93] Vgl. Wolke (2010, S. 94).

[94] Vgl. Siener (1991, S. 88), vgl. Lachnit (1989, S. 132) zitiert nach Lachnit und Müller (2012, S. 188).

[95] Vgl. Wolke (2010, S. 94, 96).

[96] Vgl. Wolke (2010, S. 90), vgl. Siener (1991, S. 62), vgl. Behringer (2010, S. 75 f.).

[97] Die Praktikerformel ist eine vereinfachte indirekte Berechnung. Anwender berücksichtigen ausschließlich die veränderten Abschreibungen und Rückstellungen, so dass Veränderungen aus dem

hinsichtlich ihrer Zahlungswirksamkeit zu analysieren und den jeweiligen Cashflows zuzuordnen. Insbesondere bereiten Mischkonten Schwierigkeiten, auf denen zahlungswirksame und zahlungsunwirksame Posten enthalten sind. Folglich erfordern, bei gleichen
Abgrenzungskriterien, beide Ermittlungsmethoden den gleich großen Aufwand.[98]

Ein Argument für die direkte Methode ist ihre höhere Aussagekraft im Hinblick auf die
Liquiditätsentwicklung. Die Erträge und Aufwendungen werden vollständig aus der Finanzbuchhaltung erfasst und direkt zugeordnet. Die Berechnung zeigt, welche Geschäftsvorfälle sich positiv oder negativ auf die Liquidität auswirken. Dadurch können Krankenhäuser Cash-Treiber identifizieren und gezielt steuern.

Dementgegen ist die indirekte Methode ungenauer. Anwender analysieren die Geschäftsvorfälle ex post, so dass die zahlungswirksamen Erträge und Aufwendungen nicht
exakt bestimmt werden können. Dennoch ist positiv anzumerken, dass die indirekte Methode die bilanzpolitischen Gestaltungsmöglichkeiten verdeutlicht.[99]

Nachteil der direkten Methode ist, dass sie für externe Analysten in der Regel nicht an-
wendbar ist. Daten der Finanzbuchhaltung, die für die Berechnung zwingend erforderlich
sind, stehen gewöhnlich externen Analysten wie z. B. Banken nicht zur Verfügung. Das
Finanz- und Liquiditätsmanagement hat jedoch Zugriff auf die internen Daten.[100]

Wird nicht von vereinfachten Berechnungsmethoden ausgegangen, sind beide Verfahren mit dem gleichen Aufwand verbunden. Entgegen dem indirekten Verfahren verdeutlicht die direkte Ermittlungsmethode die Cash-Treiber und Sachverhalte, die die Liquidität
senken. Hierdurch bietet die direkte Methode dem Liquiditätsmanagement eine Grundlage, um gezielt Sachverhalte zu lenken zu. Aus den genannten Gründen ist die direkte
Methode der indirekten vorzuziehen.

2.3.2.3 Cashflow aus der Investitionstätigkeit

Der „Cashflow aus der Investitionstätigkeit" beinhaltet die Zahlungsströme, die durch
den Erwerb oder die Veräußerung von Finanz- und Sachanlangen entstehen. Er umfasst
solche Investitionen, die mindestens ein Jahr im Unternehmen gebunden sind. Zu den
Finanzanlagen gelten ebenfalls Wertpapiere, vorausgesetzt sie sind nicht den Zahlungsmitteläquivalenten im Finanzmittelfond zugeordnet. Ermittelt wird der „Cashflow aus der
Investitionstätigkeit" stets anhand der direkten Methode.[101]

Der „Cashflow aus der Investitionstätigkeit" zeigt dem Krankenhaus, wie hoch der
Saldo zwischen dem Verkauf und dem Erwerb von Finanz- und Anlagegütern ist. Jedoch
ist seine Aussagekraft begrenzt. Weitere Aussagen über die Bedeutung der Investitionen
für das Unternehmen, d. h. die Frage, inwiefern die Investitionen zum Erhalt oder zur

---

Working-Capital nicht in den Cashflow eingehen (vgl. Losbichler (2012, S. 28 f.)).

[98] Vgl. Siener (1991, S. 63–66, 133).

[99] Vgl. Siener (1991, S. 63–66, 133).

[100] Vgl. Wolke (2010, S. 90).

[101] Vgl. DRS 2, Rn. 31–33.

	Einzahlungen aus Abgängen von Gegenständen des Sachanlagevermögens
+	Einzahlungen aus Abgängen von Gegenständen des immateriellen Anlagevermögens
-	Auszahlungen für Investitionen in das Sachanlagevermögen
-	Auszahlungen für Investitionen in das immaterielle Anlagevermögen
+	Einzahlungen aus Abgängen von Gegenständen des Finanzanlagevermögens
-	Auszahlungen für Investitionen in das Finanzanlagevermögen
+/-	Einzahlungen und Auszahlungen aus dem Erwerb und dem Verkauf von konsolidierten Unternehmen und sonstigen Geschäftseinheiten
=	**Cashflow aus der Investitionstätigkeit**

Abb. 2.13 Cashflow aus der Investitionstätigkeit. (eigene Darstellung in Anlehnung an DRS 2, Rn. 34)

Erweiterung des Unternehmens beitragen, sind nicht möglich.[102] Abbildung 2.13 zeigt die Positionen, die der Cashflow nach dem Deutschen Rechnungslegungsstandard Nr. 2. enthalten sollte.

Ein negativer Cashflow aus der Investitionstätigkeit deutet auf eine hohe Investitionstätigkeit hin. Die Zahlungseingänge durch den Verkauf von Finanz- und Anlagegütern sind geringer als die Investitionsausgaben. Dies ist in der Regel positiv zu bewerten, da eine Klinik in seinen Fortbestand oder in seine Entwicklung investiert hat.[103]

2.3.2.4 Cashflow aus der Finanzierungstätigkeit

Der „Cashflow aus der Finanzierungstätigkeit" gibt den Saldo der Zahlungsströme der Finanzierung an. Hierunter werden (Finanz-)Kredite und Transaktionen innerhalb des Unternehmens erfasst. Der Cashflow aus der Finanzierungstätigkeit wird nach der direkten Methode ermittelt.[104] Er verdeutlicht, aus welchen Quellen (Eigenkapital oder Fremdkapital) Unternehmen den zusätzlichen Kapitalbedarf des operativen Geschäfts oder für Investitionen decken. Ebenfalls informiert der Cashflow aus der Finanzierungstätigkeit über die Fähigkeit von Unternehmungen Dividenden an die Unternehmenseigner auszuschütten und Verbindlichkeiten zu tilgen.

Aussagen über die Liquidität und deren Entwicklung liefert er nur in Ergänzung mit dem „Cashflow aus der laufenden Geschäftstätigkeit" und dem „Cashflow aus der Investitionstätigkeit".[105] Das Gliederungsschema des „Cashflows aus der Finanzierungstätigkeit" nach dem DRS Nr. 2 zeigt Abb. 2.14.

Der Cashflow aus der Finanzierungstätigkeit zeigt, welche Geschäftsvorfälle zu einer Veränderung des Eigenkapitals und der langfristigen Verbindlichkeiten geführt haben.

---

[102] Vgl. Wiehle et al. (2010, S. 83).

[103] Vgl. Wolke (2010, S. 97–99).

[104] Vgl. DRS 2, Rn. 35 f.

[105] Vgl. Wiehle et al. (2010, S. 84).

Einzahlungen aus Eigenkapitalzuführungen
- Auszahlungen an Unternehmenseigner und Minderheitsgesellschafter (Dividenden, Erwerb eigener Anteile, Eigenkapitalrückzahlungen, andere Ausschüttungen)
+ Einzahlungen aus der Begebung von Anleihen und der Aufnahme von (Finanz-) Krediten
- Auszahlungen aus der Tilgung von Anleihen und (Finanz-) Krediten
= **Cashflow aus der Finanzierungstätigkeit**

Abb. 2.14 Cashflow aus der Finanzierungstätigkeit. (In Anlehnung an DRS 2, Rn. 34)

2.3.2.5 Liquiditätsstatus

Schließlich ermittelt das Cashflow-Statement den Liquiditätsstatus (auch Finanzmittel-fond genannt). Er setzt sich zum einen aus den Zahlungsmitteln zusammen. Diese können aus dem Kassenbestand, Bundesbankguthaben, Guthaben bei Kreditinstituten und Schecks bestehen. Zum anderen enthält der Finanzmittelfond Zahlungsäquivalente, definiert als Finanzmittel, die dem Unternehmen als Liquiditätsreserven zur Verfügung stehen und jederzeit in Zahlungsmittel umgewandelt werden können sowie nur geringfügigen Wertschwankungsrisiken unterliegen und innerhalb von drei Monaten liquidierbar sind (z. B. Wertpapiere).[106] Die inhaltliche Gliederung des Liquiditätsstatus ist grundsätzlich unternehmensindividuell festzulegen. Die Finanzmittel bzw. Zahlungsäquivalente ermittelt das Cashflow-Statement durch die Zahlungsströme der Unternehmensaktivitäten, gegliedert nach dem Cashflow aus der laufenden Geschäftstätigkeit, der Investitionstätigkeit und der Finanzierungstätigkeit. Ergänzend führt der Finanzmittelfond die Wertänderungen auf, die durch Zu- und Abschreibungen von Finanzmitteln sowie durch Währungskursdifferenzen entstehen. Addiert um den Finanzmittelbestand zu Beginn der Periode zeigt der Finanzmittelfond den Bestand liquider Mittel an.[107] Ob die durch das Cashflow-Statement ermittelte Veränderung der liquiden Mittel dem tatsächlichen Wert entspricht, stellt ein Krankenhaus durch den Abgleich mit dem Kontostand zuzüglich der weiteren einbezogenen Positionen der Zahlungsäquivalente fest.[108]

Abbildung 2.15 veranschaulicht die Mindestgliederung des Finanzmittelfonds entsprechend dem DRS Nr. 2.

Erst durch die Betrachtung aller drei Cashflows werden die Auswirkungen der finanzwirtschaftlichen Entscheidungen auf die Liquidität transparent. Krankenhäuser ermitteln, ob durch ihre Kernleistung ausreichend Finanzmittel erwirtschaftet wurden, um die Kosten im operativen und investiven Bereich zu decken und durch welche Außenfinanzierungsmaßnahmen der zusätzliche Kapitalbedarf ausgeglichen wurde.[109]

Die bisherigen Cashflow-Ermittlungen sind retrospektiv und analysieren die Liquidität anhand vergangenheitsorientierter Werte. Die Ergebnisse des Cashflow-Statements verdeutlichen einen Liquiditätsüberschuss oder eine Liquiditätsunterdeckung und lösen somit

---

[106] Vgl. DRS 2, Rn. 16–18.
[107] Vgl. DRS 2, Rn. 16–22.
[108] Vgl. Wolke (2010, S. 93–95).
[109] Vgl. Wolke (2010, S. 93–95).

	Zahlungswirksame Veränderungen des Finanzmittelbestandes (Cashflow aus der laufenden Geschäftstätigkeit + Cashflow aus der Investitionstätigkeit + Cashflow aus der Finanzierungstätigkeit)
+/-	Wechselkurs-, konzernkreis- und bewertungsbedingte Änderung des Finanzmittelbestandes
+	Finanzmittelbestand am Anfang der Periode
=	**Finanzmittelbestand am Ende der Periode**

Abb. 2.15 Finanzmittelfond. (eigene Darstellung in Anlehnung an DRS 2, Rn. 21, 22)

eine Handlung der Unternehmung aus.[110] Um auch zukünftig die Zahlungsfähigkeit zu gewähren, sind Prognosen über die laufende Geschäftstätigkeit und die Investitions- und Finanzierungsvorgänge erforderlich. Hierzu erstellen Unternehmungen eine Finanzplanung.[111]

2.3.3 Cashflow als Lenkungsgröße der Finanzplanung

Bisher wurde der Cashflow als Kennzahl der Finanzkraft nebst seiner Berechnungsmethode dargestellt. Um die Zahlungsfähigkeit eines Krankenhauses auch zukünftig zu gewährleisten, ist neben der Ist-Betrachtung zusätzlich eine Planung der Zahlungsströme notwendig.[112] Daher wird im Folgenden der Cashflow als Lenkungsgröße der Finanzplanung erläutert. Zu Beginn wird die lang-, mittel- und kurzfristige Finanzplanung theoretisch erläutert und die Gestaltung der Finanzplanung in Form des Cashflow-Statements dargestellt. Abschließend werden die Finanzplanungen gegeneinander abgegrenzt und ihre Relevanz für das Liquiditätsmanagement betrachtet.

Die Finanzplanung ist das Kerninstrument des Finanz- bzw. Liquiditätsmanagements. Ihr Ziel ist die Bestimmung des Kapitalbestands und ferner die Liquiditätssicherung eines Unternehmens. Hierbei handelt es sich um eine systematische Prognose und Berechnung von Zahlungsströmen innerhalb des Planungszeitraums.[113] Im Ergebnis zeigt die Finanzplanung den Saldo zwischen Ein- und Auszahlungen der geplanten Maßnahmen. Diese Zahlungsmittelüberschüsse oder Unterdeckungen sind unter Liquiditäts- und Rentabilitätsaspekten möglichst optimal zu verwenden. Zum einen dienen überschüssige liquide Mittel einem Krankenhaus als Liquiditätsreserve für unvorhergesehene oder kurzfristige Zahlungsverpflichtungen. Zum anderen werden Zahlungsmittel, die die gebotene Liquiditätsreserve übersteigen, rentabilitätsorientiert investiert.[114] Bei einer Liquiditätsunterdeckung ist im Hinblick auf die finanziellen Möglichkeiten eine geeignete Finanzierungsform zu wählen.[115] In Abb. 2.16 wir dieser Sachverhalt veranschaulicht.

---

[110] Vgl. Erichsen und Treutz (2012, S. 135).

[111] Vgl. Wolke (2010, S. 98).

[112] Vgl. Lachnit und Müller (2012, S. 182).

[113] Vgl. Perridon et al. (2012, S. 668).

[114] Vgl. Losbichler (2012, S. 52).

[115] Vgl. Eisl et al. (2012, S. 113 f.).

Zahlungsmittelbewegungen			
Zahlungsmittel-bestand am Anfang	Auszahlungen	Zahlungsmittel-defizit Einzahlungen	Zahlungsmittel-bestand am Ende

→ Bei einem Zahlungsmitteldefizit sind Finanzierungsaktivitäten einzuleiten

Finanzierung bei Liquiditätsproblemen		
Intersystemische Finanzierung		Intrasystemische Finanzierung
Außen	Innen	
Beteiligungs-finanzierung	Selbstfinanzierung	Eigenfinanzierung
	Finanzierung aus Abschreibungen	
Kredit-/Darlehens-finanzierung	Finanzierung aus Rückstellungen	Fremdfinanzierung

Abb. 2.16 Zahlungsmitteldefizit und Finanzierungsmöglichkeiten in der Finanzplanung. (eigene Darstellung in Anlehnung an Eisl et al. 2012, S. 115)

Die Finanzplanung kann im Wesentlichen in die langfristige, mittelfristige und kurz-fristige Finanzplanung untergliedert werden. Während sich die langfristige Finanzplanung auf die Kapitalstruktur fokussiert, verfolgt die mittel- und kurzfristige Finanzplanung das Ziel der Liquiditätssicherung.[116]

2.3.3.1 Langfristige Finanzplanung

Die langfristige Finanzplanung leitet sich aus strategischen Überlegungen ab. Der Pla-nungshorizont beträgt in der Regel drei bis sechs Jahre und umfasst eine Planungseinheit von einem Jahr.[117] Die langfristige Finanzplanung verdeutlicht die finanziellen Auswir-kungen der geplanten strategischen Entscheidungen, indem die Veränderung der Vermö-genspositionen und deren Finanzierung gegenübergestellt werden. Dadurch können Kran-kenhäuser feststellen, inwiefern ihre Vorhaben realisierbar sind.[118] Ziel der langfristigen Finanzplanung ist die strukturelle Liquiditätssicherung. Danach sollen bilanzielle Finanz-strukturen ausgeglichen sein, so dass die Fristenstruktur der Investitionen und Finanzie-rung einander entsprechen.[119]

---

[116] Vgl. Perridon et al. (2012, S. 669).

[117] Vgl. Reichmann (2006, S. 254–257).

[118] Vgl. Erichsen und Treutz (2012, S. 87).

[119] Vgl. Reichmann (2006, S. 254–257).

Die langfristige Finanzplanung basiert auf der Erfolgsplanung einer Unternehmung. Die Erfolgsplanung plant das Betriebsergebnis anhand der operativen Teilpläne. Zu den operativen Teilplänen zählen etwa die Umsatzplanung bzw. Absatzplanung, aus denen sich die weiteren Teilpläne für die Produktion und Sachmittel sowie das Personal und Material ableiten. Krankenhäuser können die Erfolgsplanung sowohl durch eine Plan-GuV wie auch durch ein Leistungsbudget erstellen. Die Plan-GuV ermittelt das Betriebsergebnis durch die Gegenüberstellung der Aufwendungen und Erträge eines Unternehmens. Bilanzpolitische Bewertungen und Periodenabgrenzungen in der GuV beeinflussen deren Werte. Um den „realen" Erfolg festzustellen, weisen Krankenhäuser ihre bilanzpolitischen Maßnahmen in einer Überleitungsrechnung aus. Das Leistungsbudget erfasst neben dem Wert der Erfolge auch die damit verbundenen Leistungen. Damit erkennt eine Unternehmung, durch welche Leistungen welche Kosten verursacht wurden und welches Ergebnis damit erzielt werden kann.[120] In einem weiteren Schritt werden die Erträge- und Aufwendungen in eine Erfolgsplanung übergeleitet.[121]

Zudem berücksichtigt die langfristige Finanzplanung Zahlungsströme der Investitionen und Finanzgeschäfte, die durch die Erfolgsrechnung nicht erfasst werden. Hierzu führen Krankenhäuser im Investitionsplan die langfristige Mittelverwendung durch die geplanten und die bereits bewilligten Investitionsvorhaben auf. Demgegenüber stellt die Finanzierungsplanung die Mittelherkunft der Investitionen dar. Im Krankenhausbereich werden Investitionen nach dem Krankenhausfinanzierungsgesetz durch das zuständige Bundesland getragen. Dementsprechend beinhaltet der Finanzierungsplan Einzelfördermittel für Investitionen und pauschale Fördermittel für die Beschaffung kurzfristiger Anlagegüter und kleinen baulichen Maßnahmen sowie Investitionszuschüsse von Dritten.[122] Zusätzlich enthält der Finanzierungsplan die Quellen der Innenfinanzierung, wie etwa Abschreibungen auf Sachanlagen, immaterielle Anlagen und Finanzanlagen, Eigenkapitalerhöhungen, die Netto-Erhöhung langfristiger Rückstellungen und die Netto-Veränderung langfristiger Kredite.[123]

In einem weiteren Schritt generiert eine Unternehmung die Plan-Bilanz. Basierend auf der Ist-Bilanz werden die Werte der Investitionsplanung, Finanzierungsplanung und Erfolgsplanung zu einer Plan-Bilanz zusammengefasst. Anhand der Plan-Bilanz ist eine Prognose der Vermögens- und Kapitalstruktur möglich. Die Werte der Plan-Bilanz in Relation zu dem in der Plan-GuV ermittelten Betriebserfolg bestimmen die Kapitalrentabilität der geplanten Geschäftsaktivitäten.[124]

---

[120] Vgl. Eisl et al. (2012, S. 92 f.).

[121] Vgl. Eisl et al. (2012, S. 92 f.).

[122] Planmäßig soll ab dem Jahr 2014 die Einzelförderung und pauschale Förderung von Investitionen durch eine leistungsorientierte Investitionspauschale ersetzt werden. Folglich würde im Investitionsplan anstelle der Einzel- und Pauschalfördermittel die leistungsorientierte Investitionspauschale treten. Nähere Informationen hierzu in Behrends (2013, S. 56 ff.).

[123] Vgl. Reichmann (2006, S. 259 f.).

[124] Vgl. Reichmann (2006, S. 260 f.).

Krankenhäusern bietet die Plan-Bilanz damit ein Instrument, mit dem Unterneh-
mungsentscheidungen im Hinblick auf Rentabilitätsziele und ein langfristiges finanzielles
Gleichgewicht ausgerichtet werden können. Zudem dienen die Werte der Planbilanz als
Sollvorgaben, an denen sich unternehmerische Entscheidungen in der operativen Planung
orientieren.[125] Jedoch können hieraus keine Rückschlüsse über die Fristenkongruenz von
Mittelherkunft und Mittelverwendung getroffen werden. Daher ist zur Liquiditätssicherung die langfristige Finanzplanung in ein Cashflow-Statement zu überführen.[126]

Um die Plan-Werte im Cashflow-Statement zu berücksichtigen, passt ein Unternehmen
bestimmte Positionen in der Berechnung an. Beispielsweise erhöht ein Unternehmen in
der Plan-Bilanz seine Liquiditätsreserven um den beabsichtigen Wert, so dass sich analog
die Position „Veränderung der liquiden Mittel" in der Ursachenrechnung des „Cashflows
aus der laufenden Geschäftstätigkeit" verändert. Sodann wird im Finanzmittelfond der
zusätzliche Kapitalbedarf manifestiert.[127]

Die indirekte Ermittlungsmethode zur Erstellung der langfristigen Finanzplanung ist
in der Praxis wenig verbreitet. Ursache hierfür ist, dass Unternehmen nicht die Voraussetzung der Plan-Bilanz und Plan-GuV erfüllen. Daher wird häufiger die direkte Form angewendet, in der Unternehmen die in den operativen Teilplänen geplanten Einzahlungen und
Auszahlungen direkt gegenüberstellen.[128]

2.3.3.2 Mittelfristige Finanzplanung

Für eine laufende Liquiditätssicherung ist die langfristige Finanzplanung um eine mittelfristige Sicht zu ergänzen. Hierbei handelt es sich um die Finanzplanung im engeren Sinn.
Der Planungszeitraum beträgt ein Jahr, wobei Wochen und Monate die Planungseinheit
darstellen. Durch den verkürzten Planungshorizont können verbindlichere Aussagen über
die geplanten Ein- und Auszahlungen getroffen werden.[129]

Die mittelfristige Finanzplanung wird aus der Grobplanung der langfristigen Finanzplanung überführt. Hierzu integrieren Unternehmen aktuelle Erkenntnisse der Unterneh-
mensplanung in die langfristige Finanzplanung. Weitere Planungsgenauigkeit erreicht
die mittelfristige Finanzplanung in Form einer gleitenden, rollierenden Planung. In der
gleitenden, rollierenden Planung kontrollieren Unternehmen die Werte des abgelaufenen
Monats mit den Ist-Angaben und gleichen die Planangaben entsprechend an. Zur besseren
Liquiditätssteuerung aktualisiert ein Unternehmen die darauffolgenden prospektiven Vorgaben der mittelfristigen Planung gemäß den neuen Feststellungen. Zugleich erweitert
sich die mittelfristige Planung nach jedem abgelaufenen Monat um die Planung für den
gleichen Monat im darauffolgenden Jahr.[130]

---

[125] Vgl. Eisl et al. (2012, S. 117).
[126] Vgl. Reichmann (2006, S. 260 f.).
[127] Vgl. Losbichler (2012, S. 54).
[128] Vgl. Losbichler (2012, S. 55).
[129] Vgl. Perridon et al. (2012, S. 694).
[130] Vgl. Reichmann (2006, S. 257 f.).

Im Ergebnis zeigt die mittelfristige Finanzplanung die monatliche bzw. jährliche Finanzierungkraft des Krankenhauses an. In Form des Cashflow-Statements enthält die mittelfristige Finanzplanung zusätzliche Angaben. Krankenhäuser erkennen, ob ihre operativ erwirtschafteten Finanzmittel ausreichen, um die unternehmerischen Investitions- und Finanzierungsentscheidungen zu decken. Erreichen die Ist-Werte nicht die Plan-Vorgaben, so sind wiederum Anpassungsmaßnahmen erforderlich. Mittelfristig betrachtet sind Liquiditätsunterdeckungen zunächst durch eigene finanzielle Reserven auszugleichen. Beispielsweise können Unternehmen verfügbare Kreditlinien ausschöpfen oder die liquiden Mittel (die die geplante Liquiditätsreserve übersteigen) einsetzen, um den Kapitalbedarf zu decken. Reichen die finanziellen Reserven nicht aus, um den Liquiditätsbedarf zu decken, sind weitere Maßnahmen notwendig. Die Verantwortlichen passen dazu die operativen Teilpläne an, die der Liquiditätsplanung zugrunde liegen. Übersteigen die erwirtschafteten Finanzmittel den Kapitalbedarf, legt eine Unternehmung die zusätzlichen Mittel rentabilitätsorientiert an.[131]

2.3.3.3   Kurzfristige Finanzplanung

Die kurzfristige Finanz- bzw. Liquiditätsplanung bezieht sich auf einen Prognosezeitraum von einer Woche bis maximal einem Monat und wird i. d. R täglich vorgenommen. Ebenso wie die mittelfristige Finanzplanung dient die kurzfristige Finanzplanung der laufenden Liquiditätssicherung einer Unternehmung.[132] Um die jederzeitige Zahlungsfähigkeit eines Krankenhauses zu bestimmen, müssten in der Finanzplanung sämtliche Zahlungsvorgänge und deren zeitliches Auftreten bekannt sein. Durch die geringe Planungsspanne können in der Liquiditätsplanung weitestgehend zuverlässige Prognosen über die Zahlungseingänge und Zahlungsausgänge getroffen werden. Somit verdeutlicht diese, in welcher Höhe und an welchem Tag die monatlichen Zahlungen fällig werden. Ebenfalls integriert die kurzfristige Finanzplanung Informationen der lang- und mittelfristigen Planung wie beispielsweise die Tilgung von Darlehen.[133]

Die Liquiditätsplanung setzt sich aus dem Liquiditätsstatus und der tagesgenauen Liquiditätsvorschau zusammen. Der Liquiditätsstatus bildet tagesgenau die aktuell verfügbare Liquidität ab.[134] Hierzu generiert die Finanzbuchhaltung die Informationen über die Kontenstände und Ist-Werte. Ziel ist eine möglichst zinsoptimale Disposition der Bankbestände.[135] Die kurzfristige Planung basiert auf Prognosedaten der mittelfristigen Finanzplanung. In der betrieblichen Praxis erhöhen Unternehmen die Datenqualität, indem sie Liquiditätsveränderungen durch die ergänzende Darstellung erheblicher Zahlungsbewegungen erklären.[136]

---

[131] Vgl. Reichmann (2006, S. 282 f.).

[132] Vgl. Becker (2012, S. 31).

[133] Vgl. Perridon et al. (2012, S. 694).

[134] Vgl. Perridon et al. (2012, S. 694).

[135] Vgl. Werdenich (2008, S. 25).

[136] Vgl. Perridon et al. (2012, S. 694).

Die Gestaltung der Finanzplanung ist gesetzlich nicht vorgeschrieben. In der Praxis hat sich allerdings die Ermittlung des Cashflows aus der laufenden Geschäftstätigkeit als sinnvoll erwiesen. Krankenhäuser erhalten hierdurch einen Überblick über ihre Finanzkraft aus dem Kerngeschäft.[137]

Weiterhin ist anzumerken, dass durch eine einfache Gegenüberstellung der Ein- und Auszahlungen lediglich das langfristige Deckungsverhältnis in einer Periode verdeutlicht wird. Hingegen liefert die Darstellungsform des Cashflows im Cashflow-Statement zusätzliche Angaben, indem sie die Zahlungsströme dem Umsatzbereich, Investitionsbereich, sowie dem Finanzierungsbereich zuordnet. Somit besitzt die als Cashflow-Statement erstellte Finanzplanung einen höheren Aussagegehalt über das Deckungsverhältnis in den jeweiligen Geschäftsbereichen.[138] Die kurz- und mittelfristige Finanzplanung dient der laufenden Liquiditätssicherung und ist daher ausschließlich zahlungsstrombasiert. Wird die langfristige Finanzplanung nach dem Cashflow-Statement aufgebaut, können die monatlichen und quartalsweisen Werte aus der Cashflow-Rechnung abgeleitet werden. Dadurch ist sichergestellt, dass beide Finanzplanungen der gleichen Systematik entsprechen. Unternehmen besitzen so die Möglichkeit, Abweichungen der kurz-/mittelfristigen Finanzplanung in die langfristige Finanzplanung zu integrieren, so dass die Finanzpläne formal und zeitlich aufeinander abgestimmt sind. Zudem verdeutlicht das Cashflow-Statement im Gegensatz zur direkten, einfachen Gegenüberstellung der Zahlungsströme die Zusammenhänge zwischen den Ein- und Auszahlungen und den Veränderungen in der Bilanz und Erfolgsrechnung.[139]

Die Ausführungen verdeutlichen den Nutzen einer Finanzplanung in Form des Cashflow-Statements für das Management. Die Unternehmungsleitung erhält so ein Instrument, welches sowohl eine formal und zeitlich abgestimmte Betrachtung der Finanzzusammenhänge liefert als auch eine Verbindung zur betrieblichen Bilanz- und Erfolgsrechnung herstellt.

Der Fokus dieses Buches richtet sich auf das cashflow-orientierte Liquiditätsmanagement. Die kurzfristige und mittelfristige Finanzplanung umfasst einen Planungshorizont von bis zu einem Jahr[140] (vgl. Abb. 2.17). Mit sinkender Planungsdauer steigt die Planungsgenauigkeit, so dass die mittel-/kurzfristige Finanzplanung weitestgehend zuverlässige Aussagen über die aktuelle Liquidität und deren Entwicklung trifft. Finanzierungsdefizite werden ebenso deutlich wie zusätzlich erwirtschafteter Ertrag. Somit bietet sie dem Management eine Entscheidungsgrundlage zur Liquiditätssteuerung.[141] Die langfristige Finanzplanung hingegen verfolgt das Ziel der strukturellen Liquiditätssicherung. Die Struktur des Kapitalbedarfs für den Ausbau von Erfolgspotentialen sollte der Struktur

---

[137] Vgl. Losbichler (2012, S. 57).

[138] Vgl. Reichmann (2006, S. 266).

[139] Vgl. Lachnit und Müller (2012, S. 186, 187).

[140] Vgl. Becker (2012, S. 31).

[141] Vgl. Perridon et al. (2012, S. 694).

Finanzplanung	Ziel	Planungshorizont	Planungseinheit	Planungssicherheit
langfristige Finanzplanung	strukturelle Liquiditätssicherung	3-6 Jahre	Jahr	gering
mittelfristige Finanzplanung	dispositive Liquiditätssicherung	1 Jahr	Monat, Woche	
kurzfristige Finanzplanung	dispositive Liquiditätssicherung	1 Woche – 1 Monat	Tag	hoch

Abb. 2.17 Finanzplanung. (eigene Darstellung)

der Kapitalbeschaffung entsprechen.[142] Anzumerken ist, dass die langfristigen Finanzentscheidungen letztlich auf der operativen Ebene umgesetzt werden und somit wiederum in die mittel- und kurzfristige Finanzplanung eingehen. Erst durch eine ganzheitliche Betrachtung ist eine schlüssige Vorgehensweise möglich.[143] Dementsprechend wurden in Abschn. 2.2.3 die theoretischen Grundlagen erörtert.

Eine Finanzplanung in Form des Cashflow-Statements bietet Krankenhäusern den Vorteil einer integrierten Planung. Finanzplanungen mit einer geringeren Planungsreichweite leiten sich logisch aus der übergeordneten Finanzplanung ab. Umgekehrt können aktuelle Erkenntnisse der mittel- und kurzfristigen Finanzplanung in der langfristigen Finanzplanung berücksichtigt werden. Relevant für das Liquiditätsmanagement ist die mittel- bis kurzfristige Finanzplanung.[144]

Im weiteren Verlauf dieses Buches soll daher die mittel- bis kurzfristige Finanzplanung, die auf dem Cashflow bzw. dem Cashflow-Statement aufbaut, thematisiert werden. Abbildung 2.17 stellt die Eigenschaften der kurz-, mittelfristigen und langfristigen Finanzplanung gegenüber.

2.3.4   Kritische Würdigung des Cashflows

Krankenhäuser überleben nur langfristig am Markt, wenn sie ausreichend Gewinne erwirtschaften. Der Betriebsgewinn ist allerdings keine objektive Größe. Durch abgrenzungs- und bewertungspolitische Maßnahmen können Krankenhäuser den realen Gewinn verfälschen. Der Cashflow wirkt dem entgegen, indem er den Finanzmittelüberschuss/-bedarf eines Unternehmens frei von bilanzpolitischen Beeinflussungen aufzeigt.[145]

Der Cashflow (hier: „Cashflow der laufenden Geschäftstätigkeit") verdeutlicht die Innenfinanzierungskraft eines Unternehmens. Das Management erhält dadurch zielgerichtete Informationen darüber, ob das Unternehmen seinen Zahlungsforderungen nachkommen

---

[142] Vgl. Reichmann (2006, S. 254–257).

[143] Vgl. Perridon et al. (2012, S. 663).

[144] Vgl. Lachnit und Müller (2012, S. 186, 187).

[145] Vgl. Siegwart et al. (2010, S. 97), Wöhe et al. (2013, S. 27).

kann oder gar darüber hinaus überschüssige Finanzmittel erwirtschaftet hat. Ebenso bildet der Cashflow den zusätzlichen Liquiditätsbedarf ab. Der Cashflow löst damit einen Handlungsbedarf aus, der entweder die rentable Investition oder die Beschaffung liquider Mittel beinhaltet.[146]

Aus der direkten Berechnung des Cashflows leiten sich zusätzliche Informationen ab. Sie zeigt jene Zahlungsströme, aus denen sich der Cashflow zusammensetzt. So identifiziert eine Einrichtung seine Cash-Treiber und liquiditätsgefährdenden Größen. Aufbauend auf der Cashflow-Analyse können Krankenhäuser somit gezielt ihre Liquidität lenken.[147]

Die indirekte Berechnung des „Cashflows aus der operativen Geschäftätigkeit" stellt keine Informationen zu den liquiditätsbeeinflussenden Geschäftsvorfällen zur Verfügung. Der Vorteil der indirekten Methode besteht darin, dass Unternehmungen ihre bilanzpolitischen Maßnahmen und deren Auswirkungen nachvollziehbar darstellen können.

Die richtige Zuordnung der jeweiligen Komponenten zum Cashflow stellt eine Herausforderung dar. Damit Unternehmungen den Cashflow vollständig und möglichst korrekt berechnen können, sind sämtliche Komponenten auf ihre Zahlungswirksamkeit hin zu analysieren. Teilweise beinhaltet die Berechnung Annahmen bei nicht eindeutigen Sachverhalten oder Mischkonten. Hierdurch besteht die Gefahr, dass Krankenhäuser den Cashflow ungenau ermitteln.[148]

Die Cashflow-Rechnung basiert auf einer Vielzahl unternehmungsinterner Informationen. Über diese verfügen externe Analysten üblicherweise nicht, so dass die direkte Ermittlung von Außenstehenden nicht angewendet werden kann.[149] Dieser Kritikpunkt ist für die nachfolgenden Ausführungen von untergeordneter Bedeutung, da das Liquiditätsmanagement ein Bestandteil des unternehmensinternen Finanzmanagements ist und somit regelmäßig auf die notwendigen Informationen der Finanzbuchhaltung zugreifen kann.

Darüber hinaus erlangt der Cashflow eine weitergehende Aussagekraft, wenn er in Relation zum eingesetzten Kapital gebracht oder im Cashflow-Statement verwendet wird. Der Cashflow im Verhältnis zum eingesetzten Kapital gibt an, welcher Zahlungsmittelüberschuss durch das eingesetzte Kapital erreicht werden konnte. Das Cashflow-Statement verdeutlicht neben der Mittelherkunft auch die Mittelverwendung. Aufbauend auf dem Cashflow aus der laufenden Geschäftätigkeit analysiert die Cashflow-Rechnung, für welche Aktivitäten die liquiden Mittel verwendet wurden und welche zusätzlichen Finanzierungen notwendig sind.[150]

Anzumerken ist, dass der Cashflow für Betriebsvergleiche ungeeignet ist. Die Charakteristika der Unternehmung wie die Branchenzugehörigkeit, die Betriebsgröße und die Anlagenintensität beeinflussen die Höhe des Cashflows. Beispielsweise besitzen Dienst-

---

[146] Vgl. Siegwart et al. (2010, S. 97–99).
[147] Vgl. Siener, F. (1991, S. 133).
[148] Vgl. Siener (1991, S. 133).
[149] Vgl. Siener (1991, S. 133).
[150] Vgl. Horváth, (2011, S. 389 f.).

leistungsunternehmungen üblicherweise weniger technische Anlagen als Industrieunternehmen.[151]

Ein negativer Aspekt ist, dass das Cashflow-Statement keine Aussagen zu möglichen Chancen und Risiken enthält. Beispielsweise zeigen Unternehmungen im Jahresabschluss durch Rückstellungen potentielle Risiken auf. Jedoch erfasst das Cashflow-Statement lediglich solche Rückstellungen, die tatsächlich im Betrachtungszeitraum angefallen sind. Zudem eliminiert das Cashflow-Statement Chancen und Risiken, die sich aus Anlagenabschreibungen und Marktwertänderungen ergeben, insofern sie in dieser Periode nicht zu Zahlungsflüssen geführt haben.[152]

In der Literatur wird kritisch angemerkt, dass der Cashflow eine retrospektive Kennzahl ist, die über die Finanzkraft der abgelaufenen Periode informiert. Zur aktiven Liquiditätssteuerung bedarf es einer prospektiven Finanzplanung. Krankenhäuser können durch Prognosemethoden die Auswirkungen der geplanten Geschäftsaktivitäten auf die Liquidität bzw. den Cashflow planen. Die kurzfristige Finanzplanung ist ein Instrument, das die Entwicklung der Liquidität bis zu einem Jahr angibt. Durch die Planung kann das Management frühzeitig Liquiditätsdefizite erkennen und analysieren und somit zielgerichtet die Liquidität steuern.[153]

Literatur

Bächstädt, K.-H. (2008): Liquiditätsmanagement im Krankenhaus- Voraussetzungen zur Kreditfinanzierung. In: Everling, O. [Hrsg.]: Rating im Health-Care-Sektor. Schlüssel zur Finanzierung von Krankenhäusern, Kliniken, Reha-Einrichtungen. Wiesbaden. Gabler Verlag. S. 149–168

Baetge, J., Kirsch, H.-J., Thiele, S. (2004): Bilanzanalyse, 2. Auflage. Düsseldorf. IDW Verlag

Baetge, J., Kirsch, H.-J., Thiele, S. (2013): Konzernbilanzen. 10., überarbeitete Auflage. Düsseldorf. IDW Verlag

Becker, H. P. (2012): Investition und Finanzierung. Grundlagen der betrieblichen Finanzwirtschaft 5., überarbeitete und erweiterte Auflage. Wiesbaden. Gabler Verlag

Behrends, B. (2013): Praxishandbuch Krankenhausfinanzierung: Krankenhausfinanzierungsgesetz, Krankenhausentgeltgesetz, Psych-Entgeltgesetz, Bundespflegesatzverordnung 2., Auflage. Berlin. MWV Medizinisch Wissenschaftliche Verlagsgesellschaft

Behringer, S. (2010): Cash-Flow und Unternehmensbeurteilung. Berechnungen und Analysefelder für die Finanzanalyse. 10., völlig neu überarbeitete und erweiterte Auflage. Berlin. Erich Schmidt Verlag

Bieg, H., Kussmaul, H. (2000): Investitions- und Finanzmanagement. Band II. München. Vahlen Verlag

Bitz, M., Terstege, U. (2002): Grundlagen des Cash-Flow-Managements. Diskussionsbeitrag Nr. 317. Fernuniversität Hagen

Bleicher, K. (2002): Integriertes Management als Herausforderung. In: Schwendt S, Funck D (Hrsg) Integrierte Managementsysteme. Konzepte, Werkzeuge, Erfahrungen. Physica-Verlag, Heidelberg, S 1–24

---

[151] Vgl. Bieg und Kussmaul (2000, S. 195).

[152] Vgl. Lachnit und Müller (2012, S. 199).

[153] Vgl. Siener (1991, S. 138).

Bleicher, K. (2004): Das Konzept Integriertes Management. Visionen-Missionen-Programme. 7., überarbeitete und erweiterte Auflage. Frankfurt/Main. Campus Verlag

Bleicher, K. (2005): Meilensteine der Entwicklung eines Integrierten Managements. Künzelsau. Swiridoff Verlag

Deutscher Rechnungslegungsstandard Comittee e. V. (DRSC) Deutscher Rechnungslegungsstandard Nr. 2 (DRS 2): Kapitalflussrechnung, bekanntgemacht gem. § 342 Abs. 2 HGB durch das Bundesministerium der Justiz im Mai 2000

DKI – Deutsches Krankenhaus Institut (2012): Krankenhaus Barometer. Umfrage 2012. In: www.dkgev.de/media/file/14190.2012-12_Krankenhaus_Barometer_2012.pdf   (Download: 30.04.2014)

Drukarczyk, J. (2008): Finanzierung. Eine Einführung. 10., völlig neu bearb. Auflage. Stuttgart. UTB Verlag

Eichhorn, S. (2008): Das Konzept eines integrierten Krankenhausmanagements: von der Krankenhausbetriebslehre zur Krankenhaus-Managementlehre. In: Schmidt-Rettig, B. u. Eichhorn, S. [Hrsg.]: Krankenhausmanagementlehre. Theorie und Praxis eines integrierten Konzepts. Stuttgart. Kohlhammer Verlag, S. 81–180

Eilenberger, G. (2003): Betriebliche Finanzwirtschaft. Einführung in Investition und Finanzierung, Finanzpolitik und Finanzmanagement von Unternehmungen. 7., vollständig überarbeitete und erweiterte Auflage. München. Oldenbourg Wissenschaftsverlag

Eisl, C., Hofer, P., Losbichler, H. (2012): Grundlagen der finanziellen Unternehmensführung. Band IV: Controlling. 2. Auflage. Wien. Linde Verlag

Erichsen, J., Treutz, J. (2012): Professionelles Liquiditätsmanagement. Praxisleitfaden für Unternehmer und Berater. Ettenheim. NWB Verlag

Ertl, M. (2004): Aktives Cashflow-Management. Liquiditätssicherung durch wertorientierte Unternehmensführung und effiziente Innenfinanzierung. München. Franz Vahlen Verlag

Franke, G., Hax, H. (1999): Finanzwirtschaft des Unternehmens und Kapitalmarkt. 4. Auflage. Berlin. Springer Verlag

Franz, K.-P., Hochstein, D. (2011): Systeme und Prozesse der Finanzplanung. In: Gleich, R., Horváth, U., Michel, U. [Hrsg.]: Finanz-Controlling. München. Haufe Verlag. S. 143–154

Gälweiler, A. (1987): Strategische Unternehmensführung. Frankfurt/New York. Campus Verlag

Hänsch, H. (2013): Positiver Cash-Flow und höherer Erlös. Prozessorientiertes Medizincontrolling kann die Liquidität entscheidend verbessern. In: KU special Medizincontrolling. August Ausgabe. S. 25–28

Havighorst, F. (2004): Jahresabschluss von Krankenhäusern. Betriebswirtschaftliche Handlungshilfen. Düsseldorf. Hans Böckler Stiftung

Heesen, B. (2011): Cash- und Liquiditätsmanagement. Wiesbaden. Gabler Verlag

Horváth, P. (2011): Controlling. 12., vollständig überarbeitete Auflage. München. Franz Vahlen Verlag

Jetter, T. (1987): Cash-Management-Systeme. Wiesbaden. Gabler Verlag

Kettern, T. (1987): Cash-Management und Bankenwahl. In: Betriebswirtschaftliche Forschungsbeiträge. Band 29. München. GBI-Verlag

Küting, K., Weber, C-P. (2012): Der Konzernabschluss. Praxis der Konzernrechnungslegung nach HGB und IFRS. 13., grundlegend überarbeitete Auflage. Stuttgart. Schäffer-Poeschel Verlag

Lachnit, L. (1989): EDV-gestützte Unternehmensführung in mittelständischen Betrieben – Controllingsysteme zur integrierten Erfolgs- und Finanzlenkung auf operativer und strategischer Basis. München. Franz Vahlen Verlag

Lachnit, L., Müller, S. (2012): Unternehmenscontrolling. Managementunterstützung bei Erfolgs-, Finanz-, Risiko- und Erfolgspotentialsteuerung. 2., überarbeitete und erweiterte Auflage. Wiesbaden. Springer Gabler Verlag

Losbichler, H. (2012): Grundlagen der finanziellen Unternehmensführung. Band III: Cashflow, Investition und Finanzierung. 2. Auflage. Wien. Linde Verlag

Neubauer, G., Beivers, A. (2010): Zur Situation der stationären Versorgung: Optimierung unter schwierigen Rahmenbedingungen. In: Klauber, J. u. Augurzky, Boris. [Hrsg.]: Krankenhaus-Report 2010. Schwerpunkt: Krankenhausversorgung in der Krise?. Stuttgart, Schattauer Verlag. S. 4–11

Neubauer, G., Minartz, C. (2011): Finanzmanagement im Krankenhaus. Berlin. Deutsche Akademie für Management

Nitsch, R., Niebel, J. (1997): Praxis des Cash Managements. Wiesbaden. Gabler Verlag

Perridon, L., Steiner, M., Rathgeber, A. W. (2012): Finanzwirtschaft der Unternehmung. 16., überarbeitete und erweiterte Auflage. München. Franz Vahlen Verlag

Prätsch, J., Schikorra, U., Ludwig, E. (2012): Finanzmanagement. Lehr- und Praxisbuch für Investition, Finanzierung und Finanzcontrolling. 4., erweiterte und überarbeitete Auflage. Heidelberg. Springer Verlag

Reichmann, T. (2006): Controlling mit Kennzahlen und Management-Tools. Die systemgestützte Controlling-Konzeption. 7., überarbeitete und erweiterte Auflage. München. Franz Vahlen Verlag

Rüegg-Stürm, J. (2003): Das neue St. Galler Management-Modell. Grundkategorien einer integrierten Managementlehre: Der HSG-Ansatz. 2., durchgesehene und korrigierte Auflage. Bern. Haupt Verlag

Schmalen, H., Pechtl, H. (2006): Grundlagen und Probleme der Betriebswirtschaft. 13., überarbeitete Auflage. Stuttgart. Schäffer-Poeschel Verlag

Siegwart, H. (1989): Der Cash-flow als finanz- und ertragswirtschaftliche Lenkungsgröße. Stuttgart. Schäffer Verlag

Siegwart, H., Reinecke, S., Sander, S. (2010): Kennzahlen für die Unternehmensführung. 7., vollständig überarbeitete und ergänzte Auflage. Bern. Haupt Verlag

Siener, F. (1991): Der Cash-Flow als Instrument der Bilanzanalyse. Praktische Bedeutung für die Beurteilung von Einzel- und Konzernabschluß. In: Küting, K.-H., Wöhe, G. [Hrsg.]: Schriften zur Bilanz- und Steuerlehre. Band 6. Stuttgart. Schäffer Verlag. S. 343–391

Von Wysocki, K. (1998): Kapitalflussrechnung. Stuttgart. Schäffer-Poeschel Verlag

Wagner, J (1985): Die Aussagefähigkeit von cash-flow-Ziffern für die Beurteilung der finanziellen Lage einer Unternehmung (I). In: DB. S. 241–250.

Werdenich, M. (2008): Modernes Cash-Management. Instrumente und Maßnahmen zur Sicherung und Optimierung der Liquidität. München. FranzBuch Verlag

Wiehle, U. et al. (2010): Unternehmensbewertung – Methoden, Rechenbeispiele, Vor- und Nachteile. 4., Auflage. Wiesbaden. Cometis Verlag

Wolke, T. (2010): Finanz- und Investitionsmanagement im Krankenhaus. Berlin. Medizinisch Wissenschaftliche Verlagsgesellschaft

Wöhe, G. u. a. (2013): Grundzüge der Unternehmensfinanzierung. 11., überarbeitete Auflage. München. Franz Vahlen Verlag

Zapp, W., Oswald, J. (2009): Controlling-Instrumente für Krankenhäuser. Stuttgart. Kohlhammer Verlag

Zapp, W., Oswald, J., Karsten, E. (2010): Kennzahlen und Kennzahlensysteme im Krankenhaus – Empirische Ergebnisse zum Status Quo der Kennzahlenpraxis in Niedersächsischen Krankenhäusern. In: Zapp, W., Haubrock, M. [Hrsg.]: Kennzahlen im Krankenhaus. Reihe Controlling und Management in Gesundheitseinrichtungen. Band 2. Lohmar. Josef Eul Verlag. S. 1–66.

Cashflow-orientierte Instrumente im Liquiditätsmanagement am Beispiel eines Krankenhauses

3.1 Besonderheiten des Cashflow-Statements im Krankenhaus

Grundsätzlich unterscheidet sich das Cashflow-Statement von Krankenhäusern nicht von dem anderer Wirtschaftsunternehmungen. Jedoch ergibt sich aufgrund der Besonderheiten der Krankenhausfinanzierung ein Anpassungsbedarf[1].

Die Finanzierung von Krankenhäusern soll nach § 4 des Krankenhausfinanzierungsgesetzes durch zwei Finanzierungsquellen sichergestellt werden: Während die Betriebskosten und die nichtstationären Leistungen von den Sozialleistungsträgern vergütet werden, stellen die Bundesländer die Mittel für die erforderlichen Investitionen in Form von Einzel- und Pauschalfördermittel zur Verfügung.[2] Welche Kosten über die Investitionsförderung bzw. über die Pflegesätze finanziert werden, zeigt Abb. 3.1.

Der „Cashflow aus der laufenden Geschäftstätigkeit" gibt an, welche finanziellen Mittel über die Ausgaben des Kerngeschäfts hinaus erwirtschaftet wurden und der Unternehmung unter anderem für Investitionen zur Verfügung stehen. Bei einer 100%igen Finanzierung der Investitionskosten der Krankenhäuser durch die Bundesländer wäre dieser Zusammenhang nicht mehr gegeben. In diesem Fall müssten Krankenhäuser für Investitionen weder das erwirtschaftete Eigenkapital einsetzen, noch zusätzliches Fremdkapital aufnehmen.[3] Jedoch kommen die Bundesländer ihrer Verpflichtung zur Investitionskostenfinanzierung nicht vollständig nach. In den vergangenen Jahren ist die Investitionsförderung stetig gesunken. Vor diesem Hintergrund müssen Kliniken ihre Investitionskosten,

---

[1] Vgl. Lorke und Müller (2008, S. 124).

[2] Vgl. Graumann und Schmidt-Graumann (2011, S. 41).

[3] Vgl. Lorke und Müller (2008, S. 125).

© Springer Fachmedien Wiesbaden 2015
A. Wurm et al., *Cashflow-orientiertes Liquiditätsmanagement im Krankenhaus*,
Controlling im Krankenhaus, DOI 10.1007/978-3-658-09878-0_3

Öffentliche Förderung	Erlöse aus Pflegesätzen	Krankenhausträger
Investitionskosten **1) Einzelförderung (§ 9 Abs. 1 KHG)** • Kosten der Errichtung (Neubau, Umbau, Erweiterungsbau) von Krankenhäusern • Kosten der Ergänzung von Anlagegütern **2) Pauschalförderung (§ 9 Abs. 3 KHG)** • Wiederbeschaffung von kurzfristigen Anlagegütern (ND 3-15 Jahre)	**Verbrauchsgüter** • Wirtschaftsgüter, die aufgezehrt, unverwendbar werden oder bei einem Patienten verbleiben • Anlagegüter < 150 € **Gebrauchsgüter** • Anlagegüter (ND < 3Jahre)	**Grundstückskosten** • Kosten des Erwerbs, der Erschließung, sowie der Finanzierung von Grundstücken

Abb. 3.1 Investitionskosten im Krankenhaus. (Eigene Darstellung in Anlehnung an Graumann und Graumann (2011, S. 67))

zumindest teilweise, selbst erwirtschaften.[4] Folglich beeinflusst die Höhe des „Cashflows aus der laufenden Geschäftstätigkeit" die Investitionsentscheidungen der Krankenhäuser.

Ferner sollten Kliniken ergänzende Informationen der spezifischen Finanzierungs-strukturen im Cashflow-Statement aufführen. Abbildung 3.2 zeigt die gesonderten Infor-mationen zur Mittelherkunft und Mittelverwendung länderfinanzierter Investitionen.

In der Literatur herrschen unterschiedliche Auffassungen darüber, an welcher Stelle im Cashflow-Statement diese Zusatzangaben auszuweisen sind. Einerseits besteht die Möglichkeit die Angaben vollständig der Investitionstätigkeit zuzuordnen.[5] Andererseits können Krankenhäuser die eingezahlten Fördermittel unter der Finanzierungstätigkeit an-zeigen und entsprechend definieren. Die Auszahlungen für Investitionen werden dann im Bereich der Investitionstätigkeit dargestellt.[6]

Eine weitere Besonderheit öffentlicher Fördermittel besteht darin, dass sie zweckge-bunden sind. Die Fördersumme ist ausschließlich für die im Antrag auf Einzelfördermit-tel genannten Investitionsvorhaben bzw. die in § 9 Abs. 3 KHG genannten Anlagegüter bestimmt. Bei einer anderweitigen Verwendung müssen Kliniken die Fördermittel dem Land zurückerstatten. Dementsprechend können Krankenhäuser nicht frei über die För-dermittel disponieren. Im Finanzmittelfond kann dieser Sachverhalt durch einen geson-derten „Davon-Vermerk" für erhaltene, aber noch nicht zweckentsprechend verwendete Fördermittel, berücksichtigt werden.[7]

Weiterhin ist zu beachten, dass Krankenhäuser fördermittelfinanzierte Abschreibungen im „Sonderposten aus Zuwendung und Finanzierung von Sachanlagevermögen" erfolgs-neutral verbuchen. Aufwendungen und Erträge gleichen sich somit im Jahresabschluss

---

[4] Vgl. Graumann und Schmidt-Graumann (2011, S. 44).
[5] Vgl. Lorke und Müller (2008, S. 125).
[6] Vgl. Penter und Siefert (2010, S. 289).
[7] Vgl. Penter und Siefert (2010, S. 289).

Abb. 3.2 Zusatzinformationen der Investitionsfähigkeit im Cashflow-Statement. (Eigene Darstellung in Anlehnung an Lorke und Müller (2008, S. 125))		
	+	Einzahlungen gewährter Fördermittel
	+	Einzahlungen aus subventionierten Anlagenabgängen
	-	Auszahlungen für subventionierte Investitionen
	-	Rückzahlung von Fördermitteln
	+/-	Umfinanzierungen

aus, so dass es bei dem indirekt ermittelten Cashflow keiner Korrektur fördermittelfinanzierte Abschreibungen im Cashflow-Statement bedarf.[8]

Die Anlage am Ende des Buches veranschaulicht die Positionen, die aufgrund der Krankenhausfinanzierung gesondert in der Cashflow-Rechnung aufzuführen sind beispielhaft am indirekt ermittelten Cashflow.

3.2 Besonderheiten des Cashflow-Statements in Konzerngesellschaften

Seit dem Inkrafttreten des Bilanzrechtsreformgesetzes ist das Cashflow-Statement verpflichtend für alle Konzerngesellschaften im Jahresabschluss aufzuführen. Das Cashflow-Statement dient dazu die Finanzlage eines Konzerns darzustellen. Hierbei ist der Deutsche Rechnungslegungsstandard Nr. 2 zu beachten.[9] Für kapitalmarktorientierte Konzerne gelten hiervon abweichende Regelungen entsprechend § 315a HGB. Krankenhauskonzerne, für die die internationalen Rechnungslegungsvorschriften gelten, erstellen ihr Cashflow-Statement nach dem International Accouting Standard Nr. 7.[10] Allgemein kann festgehalten werden, dass der Deutsche Rechnungslegungsstandard Nr. 2 sämtlichen Anforderungen des International Accounting Standard Nr. 7 gerecht wird.[11] Daher entfällt im Folgenden eine Unterscheidung zwischen dem Cashflow-Statement nach den beiden Rechnungslegungsstandards.

Die Besonderheiten des Cashflow-Statements für Krankenhauskonzerne ergeben sich aus der Konsolidierungspflicht des Konzernabschlusses. Der Konzernabschluss stellt die wirtschaftlichen Verhältnisse des Konzerns mit seinen zugehörigen Unternehmen als eine Einheit dar. Somit bezieht das Cashflow-Statement alle Unternehmen nach ihrer Konsolidierungsmethode ein. Folglich erfasst das Cashflow-Statement sämtliche Finanzmittelbestände von konsolidierten Unternehmen, über die ein Konzern disponieren kann.[12] Transaktionen zwischen den Unternehmen, Änderungen des Konsolidierungskreises und

---

[8] Vgl. Havighorst (2004, S. 51, 55).

[9] Vgl. Graumann und Schmidt-Graumann (2011, S. 578).

[10] Vgl. Colbe et al. (2010, S. 570 f).

[11] Vgl. Baetge et al. (2013, S. 495).

[12] Vgl. § 297 Abs. 3 HGB.

unterschiedliche Währungen sind im Cashflow-Statement gesondert zu berücksichtigen (vgl. Anlage).

Im Cashflow-Statement sind ausschließlich zahlungswirksame Vorgänge zu erfassen. Bei wirtschaftlichen Transaktionen innerhalb des Konzerns handelt es sich um Zahlungsströme, welche zu keinem Zu- oder Abfluss an Finanzmitteln im Finanzmittelfond führen. Daher beziehen Krankenhauskonzerne nur Zahlungen gegenüber Konzernfremden in das Cashflow-Statement ein.[13]

Gleiches beachtet das Cashflow-Statement bei der Veränderung des Konsolidierungskreises. Erwirbt oder veräußert ein Konzern ein Tochterunternehmen oder sonstige Geschäftseinheiten, so verdeutlicht die Cashflow-Berechnung lediglich die finanzwirtschaftlichen Auswirkungen. Beispielsweise sind Zugänge oder Abgänge von Vermögensgegenständen und Schulden rein bilanzielle Vorgänge. Dementgegen erfasst ein Klinikkonzern in der Cashflow-Berechnung den zu zahlenden oder erhaltenen Preis und die Zahlungsmittel bzw. Zahlungsmitteläquivalente. Im Cashflow-Statement wird der Verkauf oder der Erwerb von konsolidierten Unternehmen im „Cashflow aus der Investitionstätigkeit" unter einer gesonderten Position aufgenommen. Die Ursachenrechnung des „Cashflows aus der Investitionstätigkeit" zeigt den Vorgang als Summe aus dem Kaufs-/Verkaufspreis abzüglich der erhaltenen oder abgegebenen Zahlungsmittel und Zahlungsmitteläquivalente.[14] Ebenfalls zu beachten ist, dass das Cashflow-Statement die Zahlungsströme einer Periode aufzeigt. Begleicht ein Konzern die Verkaufssumme in einer anderen Periode, ist der Betrag zunächst unter sonstigen Verbindlichkeiten aufzuführen. Sobald ein Krankenhauskonzern die Rechnung bezahlt, geht der Geschäftsvorfall in den „Cashflow aus der Investitionstätigkeit" ein. Entsprechendes gilt für die Veräußerung von Tochterunternehmen oder sonstigen Geschäftseinheiten.[15]

Ein weiterer, relevanter Aspekt der Cashflow-Rechnung ist die Umrechnung von Fremdwährungen in die Berichtswährung. Beziehen Konzerne unterschiedliche Währungen in die Cashflow-Rechnung ein, beeinflussen die Wechselkurse den Wert des Finanzmittelfonds. Um dies zu vermeiden, ermitteln Klinikkonzerne sämtliche Zahlungsströme entsprechend § 244 in Verbindung mit § 298 Abs. 1 HGB in Euro. Die Behandlung von Währungsparitäten ist kein zahlungswirksamer Vorgang. Daher sieht der Deutsche Rechnungslegungsstandard Nr. 2 vor, die Wechselkursdifferenzen in einem gesonderten Posten („Wechselkurs-, konsolidierungskreis- und bewertungsbedingte Änderungen des Finanzmittelfonds") auszuweisen. Wie der Name des Postens suggeriert, erfasst er auch bewertungsbedingte Bestandsänderungen. Beispielsweise können Forderungen eines Tochterunternehmens aufgrund von Wechselkursänderungen zu einem veränderten Wert auf Konzernebene führen. Diese stellt der Konzern ebenfalls als gesonderte Position dar.[16] Die Änderungen aufgrund von Währungsparitäten berechnen Krankenhauskonzerne entweder

---

[13] Vgl. Küting und Weber (2012, S. 655).
[14] Vgl. DRS 2, Rn. 45–46, 51.
[15] Vgl. Bolin et al. (2013, S. 734 f.).
[16] Vgl. Baetge et al. (2013, S. 492 f.).

zu tagesgenauen Wechselkursen oder zu Durchschnittskursen. Weist die Finanzbuchhaltung die Zahlungsströme nach der originären Methode aus, können Konzerne die Wertveränderung durch die Umrechnung in die Berichtswährung tagesgenau bestimmen.[17] Andernfalls kann ein Durchschnittskurs angesetzt werden. Dieser stellt ein arithmetisches Mittel aus dem Wechselkurs zu Periodenbeginn und Periodenende dar. Treten innerhalb der Periode deutliche Kursschwankungen auf, ist eine Bewertung mit Durchschnittskursen nicht empfehlenswert. Durch die Durchschnittskurse würden die Werte der Zahlungsströme verfälscht werden.[18]

3.3 Ausgangslage und Zielsetzung der Praxiseinrichtung

Bei der Modelleinrichtung, die hier konstruiert wird, handelt es sich um eine Gesundheitsunternehmung mit über 20 Betriebsstätten. Neben der stationären Akutversorgung beteiligt sich der Konzern an der Versorgung zur stationären Rehabilitation und zur Altenpflege. Darüber hinaus hält er eine Vielzahl ambulanter Einrichtungen vor. Die Organisation des Finanzmanagements erfolgt zentral auf Konzernebene. Hierdurch können sämtliche Führungsentscheidungen durch das Top-Management einheitlich in den Einrichtungen umgesetzt werden.[19] Ein bedeutendes Instrument ist hierbei das (unterjährige) Cashflow-Statement, das im Sinne eines lernenden Systems eingesetzt wird und neben einer monatlichen Ist-Betrachtung auch die Liquiditätsplanung unterstützt. Nach einer Systemevaluation im Jahr 2012 erforderten insbesondere folgende Schwachstellen die Modifikation des Cashflow-Statements sowie seiner Nebenrechnungen:

- Der rechnerisch im Cashflow-Statement ermittelte Liquiditätsstatus entsprach nicht dem Liquiditätsstatus, bestimmt durch die Finanzmittelbestände auf den Bankkonten.
- Die unterschiedlichen Liquiditätsberichte und -tools auf Konzernebene waren nicht miteinander verknüpft, so dass die ermittelten Cashflow-Werte bzw. -Planwerte nur mit großem Aufwand abgestimmt werden konnten.
- Die Cashflow-Planung bot dem Management keine ausreichende Planungssicherheit, da der Planungshorizont ein Jahr umfasste und daher die Auswirkungen langfristiger Vorhaben nicht adäquat abbildete.
- Die monatlichen bzw. täglichen Plan-Werte waren nicht ausreichend differenziert, um in Zeiten erhöhter finanzieller Belastung die Liquiditätsentwicklung für den Konzern und speziell für die einzelnen Einrichtungen abbilden und lenken zu können.

Die Schwachstellenanalyse stützte sich auf den Zielen der Konzernleitung, wonach die cashflow-orientierten Instrumente des Liquiditätsmanagements Informationen über die

---

[17] Vgl. DSR 2, Rn. 23.
[18] Vgl. DRS 2, Rn. 23, vgl. Colbe et al. (2010, S. 591 f.).
[19] Vgl. Schmalen und Pechtl (2006, S. 107 f.)

Zahlungsmittelbestände und Zahlungsströme valide ermitteln und anwenderorientiert aufzeigen sollten. Erst wenn entscheidungs- und empfängerorientierte Liquiditätsberichte verfügbar sind, kann das Management des Gesundheitsunternehmens die finanzwirtschaftliche Situation beurteilen und frühzeitig liquiditätssichernde Maßnahmen ergreifen. Hierbei wurde der Fokus auf folgende Instrumente gelegt:

1. Liquiditätsstatus
Mit Hilfe des Liquiditätsstatus soll die gegenwärtige Liquidität festgestellt werden. Der tagesaktuelle Ausweis auf Basis der Daten der Finanzbuchhaltung soll bei der Lenkung der Zahlungsströme unter Beachtung der Guthaben und Kreditlinien über die zur Verfügung stehenden Zahlungswege unterstützen.

2. Cashflow-Statement
Das Cashflow-Statement soll durch die Berechnung der drei Cashflows die Ursachen von Liquiditätsveränderungen aufzeigen. Das Management kann anhand der Cashflow-Rechnung zum einen die Cash-Treiber, die zu einem Zahlungsmittelzufluss führen, identifizieren. Zum anderen erkennt es, für welche Sachverhalte Zahlungsmittel abgeflossen sind.[20]

3. Liquiditätsplanung
Die Liquiditätsplanung soll neben dem Kapitalbestand/-bedarf auch die Liquiditätsentwicklung durch eine systematische Bestimmung und Prognose der künftigen Zahlungsströme in der Unternehmung ermitteln.[21] Das Management kann nachvollziehen, wie sich sein Finanzgebaren auf das aktuelle und künftige Kapital, das Vermögen und die Finanzstruktur auswirkt. Finanzwirtschaftliche Entscheidungen über die Kapitalbeschaffung und -anlage (dynamische Sicht) und über die Kapitalstruktur (statische Sicht) können gezielt nach ihrer Wirkung auf Liquidität, Rentabilität, Sicherheit und Flexibilität getroffen werden.[22]

Verschiedene Anforderungen leiten sich daraus für deren Gestaltung ab (vgl. Abb. 3.3). Die einzelnen Maßnahmen werden in den nachfolgenden Kapiteln näher erläutert.

Die Optimierung des Finanzmanagements folgte einem strukturierten Projektplan. Die Analyse der bereits bestehenden cashflow-orientierten Lenkungsinstrumente beginnt zum Jahresanfang. Beteiligt waren Mitarbeiter aus der Finanzbuchhaltung und dem Controlling. In regelmäßigen Teamsitzungen wurden die Stärken und Schwächen des Systems diskutiert. Ergebnis der ersten Projektphase war ein *integriertes Lenkungsmodell*, dessen Umsetzung für die zweite Jahreshälfte vorgesehen war und die bisherigen Berichte der Cashflow-Ermittlung und die cashflow-orientierte Liquiditätsplanungen ersetzen sollte.

Das integrierte Lenkungsmodell umfasst die Cashflow-Rechnung (einschließlich Liquiditätsstatus) auf Ist-Basis und eine rollierende Cashflow-Planung, die in Monats- und

---

[20] Vgl. DRS 2., Rn. 1.
[21] Vgl. Perridon et al. (2012, S. 668).
[22] Vgl. Lachnit und Müller (2012, S. 187).

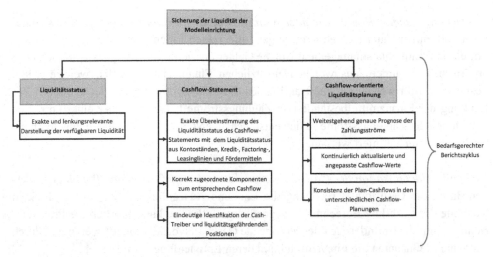

Abb. 3.3 Anforderungen an die Lenkungsinstrumente. (Eigene Darstellung)

Tagesplanungen überführt und zusätzlich um eine Dispositionsvorschau ergänzt wird. Nachfolgend wird der Gestaltungsprozess der einzelnen Instrumente detailliert beschrieben.

3.4   Praktische Durchführung zum cashflow-orientierten Liquiditätsmanagement

3.4.1   Cashflow-Statement

3.4.1.1   Anforderungen

Ausgehend von der Zielsetzung des Finanzmanagements ergeben sich für das Cashflow-Statement folgende Anforderungen (vgl. Abb. 3.3):

Exakte Übereinstimmung des Liquiditätsstatus des Cashflow-Statements mit dem Liquiditätsstatus aus Kontoständen, Kredit-, Factoring-, Leasinglinien und Fördermitteln
Die Veränderung der Liquidität wird durch die Ursachenrechnung erklärt.[23] Folglich muss der Liquiditätsstatus des Cashflow-Statements mit dem Liquiditätsstatus identisch sein, der sich aus den Kontoständen, Kredit-, Factoring-, Leasinglinien und Fördermitteln erschließt. Hierfür ist es erforderlich, dass das Cashflow-Statement

- ausschließlich zahlungswirksame Sachverhalte enthält,
- die zahlungswirksamen Sachverhalte vollständig erfasst und
- keinen Sachverhalt doppelt aufführt.

---

[23] Vgl. Wolke (2010, S. 96).

Korrekt zugeordnete Komponenten zum entsprechenden Cashflow Das Cashflow-Statement soll einem Unternehmen den Umgang mit seinen Finanzmitteln darlegen. Es vermittelt dem Liquiditätsmanagement welche Gelder durch die Leistung des Unternehmens erwirtschaftet wurden, aus welchen zusätzlichen Finanzierungsquellen weitere Mittel bezogen und für welche Geschäftsaktivitäten die Finanzmittel verwendet wurden.[24] Zur Lenkung der Finanzmittelbestände und Zahlungsströme bedarf es daher einer korrekten Zuordnung der Zahlungsströme zu den entsprechenden Geschäftsaktivitäten, die durch die Cashflow-Arten definiert werden.

Eindeutige Identifikation der Cash-Treiber und liquiditätsgefährdenden Positionen Werden durch die Cashflow-Berechnung die Ein- und Auszahlungen (wie in der direkten Methode der Cashflow Berechnung) gegenübergestellt,[25] so kann folglich die Praxiseinrichtung liquiditätsmindernde oder -erhöhende Geschäftsvorfälle identifizieren und durch adäquate Maßnahmen die Finanzmittel und deren Entwicklung beeinflussen.

Exakte und lenkungsrelevante Darstellung der verfügbaren Liquidität Neben der inhaltlich korrekten Berechnung bedarf es auch einer anwendungsorientierten Darstellung des Liquiditätsstatus (ermittelt durch die Kontostände, Kredit-, Factoring-, Leasinglinien und Fördermittel). Der Liquiditätsstatus liefert dem Liquiditätsmanagement die Datengrundlage um kurzfristig finanzwirtschaftliche Entscheidungen zu treffen. Anhand des Bestands an Zahlungsmitteln und Zahlungsäquivalenten erkennt ein Krankenhaus, ob es über ausreichend Liquidität verfügt, um seinen Zahlungsverpflichtungen nachzukommen und inwiefern es die geplanten und ungeplanten Ausgaben deckt. In diesem Zusammenhang interessiert das Liquiditätsmanagement ebenfalls, in welchem Zeitraum das Krankenhaus die Zahlungsmitteläquivalente liquidieren kann.[26] Daher sollte der Liquiditätsstatus dem Liquiditätsmanagement einen Überblick über die Höhe und die Verfügbarkeit der Zahlungsmittel und Zahlungsmitteläquivalente gewährleisten.

Bedarfsgerechter Berichtszyklus Zur Liquiditätssicherung muss das Liquiditätsmanagement über die Informationen der Cashflow-basierten Instrumente regelmäßig und bei Bedarf verfügen. Das bedeutet, dass das Management den Liquiditätsstatus täglich abrufen kann. Informationen über dem Cashflow mittels Cashflow-Statement werden monatlich und jährlich erwartet.

3.4.1.2 Ist-Analyse

Die Krankenhausunternehmung berechnet den Cashflow durch das Cashflow-Statement für ein Jahr Die Aktualisierung erfolgt quartalsweise. Der Cashflow wird derivativ auf Konzernebene erstellt. Grundlage bilden die Daten aus dem Data-Warehouse, welches

---

[24] Vgl. DRS 2. Rn 1.

[25] Vgl. Losbichler (2012, S. 26).

[26] Vgl. Reichmann (2006, S. 98 f.).

die Informationen der einzelnen Einrichtungen für die zentrale Konzernlenkung aggregiert. Dezentral erstellen die jeweiligen Tochterunternehmen monatlich ihre Erfolgs- und Investitionsrechnung. Zentral werden die Daten zusammengetragen und zu einer konzernweiten Erfolgs- und Investitionsrechnung konsolidiert. Anschließend bestimmt das Konzerncontrolling die Bereitstellung und Rückzahlung finanzieller Mittel in der Finanzierungsrechnung. Die Erfolgs-, Investitions- und Finanzierungsrechnung bilden die Basis der Cashflow-Berechnung,

Die Cashflow-Rechnung entspricht dem derivativ, indirekt ermittelten Cashflow-Statement. Das Cashflow-Statement ist in die drei Cashflow-Arten

- „Cashflow aus operativer Geschäftstätigkeit",
- „Cashflow aus Investitionstätigkeit" und
- „Cashflow aus Finanzierungstätigkeit"

untergliedert. Die Cashflow-Rechnung wird in die Cashflow-Planung integriert. Abbildung 3.4 veranschaulicht den Ausschnitt der Cashflow-Planung, der die Ermittlungsmethode beinhaltet.

Die Abbildung gibt die Berechnungsschritte in der Zeile „Cashflow-Rechnung" an. Das Cashflow-Statement zeigt in der Spalte „IST 2014" die Werte für das Jahr 2014. Ausgangspunkt des Cashflow-Statements bildet der Jahresüberschuss/-fehlbetrag aus der Gewinn- und Verlustrechnung (GuV) des Konzerns. Der „Cashflow aus der laufenden Geschäftstätigkeit", hier „Cashflow aus der operativen Geschäftstätigkeit" genannt, wird in mehreren Stufen ermittelt:

1a Jahresüberschuss/-fehlbetrag korrigiert Zuerst wird der korrigierte Jahresüberschuss/-fehlbetrag berechnet. Die Position „Nicht geplante Ergebnispositionen" dient der Cashflow-Planung zur Aufnahme von Sachverhalten aus der Erfolgsrechnung, die zum Zeitpunkt der Planung noch nicht bekannt waren, jedoch wesentliche Auswirkungen auf den Cashflow haben. Im Berichtsjahr waren keine nachträglichen Korrekturen notwendig.

1b +/− Zahlungsrelevante Umgliederungen GuV-Positionen Im Betriebsergebnis der monatlichen Erfolgsrechnung sind Positionen enthalten, die den anderen Cashflow-Arten zuzuordnen sind. Das Konzerncontrolling gliedert an dieser Stelle Aufwendungen und Erträge der Außenfinanzierung aus und führt sie im „Cashflow aus der Finanzierungstätigkeit" wieder auf (z. B. Zinsen).

1c +/− bereinigte, nicht zahlungsrelevante GuV-Positionen Der Cashflow erfasst die Veränderungen der liquiden Mittel. Dementsprechend korrigiert die indirekte Berechnungsmethode das GuV-Ergebnis um sämtliche zahlungsunwirksame Komponenten. Im Cashflow-Statement des Konzerns sind dies beispielsweise Rückstellungen für Personalaufwendungen. Unternehmungen bilden Rückstellungen für Sachverhalte, die in

Abb. 3.4 Derivative, indirekte
Cashflow-Ermittlungsmethode

Cash-Flow-Rechnung	IST 2014
	(in T€)
1a Jahresüberschuss/-fehlbetrag	
Jahresergebnis (GuV)	5,000
Nicht geplante Ergebnispositionen	0
1a Jahresüberschuss/-fehlbetrag korrigiert	5,000
1b +/- Zahlungsrlevante Umgliederungen GuV-Positionen:	
Zinserträge	-300
Zinsaufwendungen	500
Darlehenszinsaufwendungen	4,500
1b +/- Zahlungsrlevante Umgliederungen GuV-Positionen:	4,700
1c +/- bereinigte, nicht zahlungsrlevante GuV-Positionen:	
Beiträge zur Berufsgenossenschaft	1,500
Aufwendungen für Weihnachtsgeld	5,000
Urlaub, Überstunden	-200
Ausgleiche laufendes Jahr	-1,200
Abschreibungen auf Forderungen	1,000
Absetzung für Abnutzung (AfA)	6,500
Rückstellung für Personalaufwendungen	500
1c +/- bereinigte, nicht zahlungsrlevante GuV-Positionen:	13,100
1d +/-tatsächliche zahlungswirksame GuV-Effekte:	
Aufwendungen für Weihnachtsgeld	-5,000
Beiträge zur Berufsgenossenschaft	-1,500
Erlösabgrenzungen	0
Sachkostenabgrenzungen	0
1d +/-tatsächliche zahlungswirksame GuV-Effekte:	-6,500
1e - Verwendung/Auszahlung von Rückstellungen:	
Rückforderungen Krankenkassen	-500
Sonstige Rückstellungen	-800
1e - Verwendung/Auszahlung von Rückstellungen:	-1,300
1 Cashflow aus operativer Geschäftstätigkeit	**15,000**
Zahlung Investitionen und gefördertes Leasing	-10,000
Zufluss Fördermittel	5,000
2 Cashflow aus Investitionstätigkeit	**-5,000**
Darlehenstilgung/-zuführung	-5,500
Zinserträge	300
Zinsaufwendungen	-500
Darlehenszinsen	-4,500
Factoring	2,000
3 Cashflow aus Finanzierungstätigkeit	**-8,200**
Cashflow	**1,800**

ihrer Ursache bekannt, aber deren Auszahlungszeitpunkt und -höhe ungewiss sind.[27] Rückstellungen dienen der verursachungsrechten Zuordnung von Ausgaben, demnach ist die Bildung von Rückstellungen zunächst zahlungsunwirksam.[28] Weiterhin sind solche Positionen zu korrigieren, die der unterjährigen Abgrenzung dienen. Planbare Ausgaben können von Unternehmen innerhalb der Periode durch Abgrenzungsbuchungen gleichmäßig verteilt werden und so große, nicht verursachungsgerechte Kostenschwankungen vermeiden. Zum Zeitpunkt der Auszahlung verrechnet die Buchhaltung den Zahlungsvorgang gegen die Abgrenzungsbeträge.[29] Die Beispielunternehmung grenzt unterjährig die Sozialversicherungsbeiträge der Berufsgenossenschaft sowie die Aufwendungen für Weihnachtsgeld, Urlaub und Überstunden zeitlich ab. Ebenfalls bereinigt die Cashflow-Rechnung das GuV-Ergebnis um die Position „Ausgleiche lfd. Jahr". Hierunter fallen beispielsweise Erlöse für die in diesem Jahr erbrachten stationären Patientenbehandlungen, die das vereinbarte jährliche Kontingent an Krankenhausleistungen zwischen Krankenkasse und den Krankenhäusern des Konzerns über-/unterschreiten und für die im Folgejahr ein Mehrerlös-/Mindererlösausgleich erwartet wird.[30] Am Ende des Budgetzeitraumes beziehen Krankenhäuser die angefallenen Ausgleichsforderungen/-verbindlichkeiten im Jahresabschluss ein.[31] Da die Einzahlungen/Auszahlungen erst im nächsten Jahr zahlungswirksam werden[32], sind sie im Cashflow-Statement als Korrekturposten zu berücksichtigen. Darüber hinaus sind Abschreibungen u. a. bilanzpolitische Maßnahmen, die zu keinen unmittelbaren Auszahlungen führen.[33] Beispielsweise schreiben Kliniken uneinbringliche Forderungen ab.[34] Im Cashflow-Statement werden Abschreibungen und Erlöskorrekturen auf uneinbringliche Forderungen unter „Abschreibungen auf Forderungen" verbucht. Die Position „Absetzung für Abnutzung (AfA)" erfasst die Abschreibungen auf Vermögensgegenstände, Sachanlagen und Finanzanlagen. Dieser Posten beinhaltet ebenfalls Korrekturen der Abschreibungen, der erfolgsneutral verbuchten Abschreibungen auf fördermittelfinanzierte Investitionen.

1d +/− tatsächliche zahlungswirksame GuV-Effekte Punkt 1d führt die Positionen auf, die unter 1c zunächst aufgrund ihres zahlungsunwirksamen Charakters korrigiert wurden, jedoch im weiteren Verlauf des Jahres zu realen Auszahlungen geführt haben. Dies betrifft Geschäftsvorfälle, die unterjährig zeitlich abgegrenzt werden. Etwa verbucht das Unternehmen monatlich einen Aufwand für das Weihnachtsgeld der Arbeitnehmer („Aufwen-

---

[27] Vgl. § 249, Abs. 1. HGB.

[28] Vgl. Jungblut und Söhnle (2010, S. 232 f.).

[29] Vgl. Schmolke et al. (2005, S. 374).

[30] Vgl. §§ 11, 4 Abs. 3 KHEntgG.

[31] Vgl. Jungblut und Söhnle (2010, S. 231).

[32] Vgl. Jungblut und Söhnle (2010, S. 231).

[33] Vgl. Havighorst (2004, S. 10).

[34] Vgl. Hentze und Kehres (2007, S. 75).

dungen für Weihnachtsgeld"). Die tatsächliche Auszahlung findet erst im vierten Quartal des Jahres statt. Ebenso erfasst die Cashflow-Rechnung unter dieser Position die gezahlten Sozialversicherungsbeiträge der Berufsgenossenschaft, die jährlich zu einem Stichtag fällig werden. Darüber umfassen die tatsächlichen zahlungswirksamen GuV-Effekte Erlös- und Sachkostenabgrenzungen. Hierbei handelt es sich um unterjährige Abgrenzungen (z. B. Überlieger, Abgrenzungen für Energieaufwand), die bis zum Periodenende überwiegend der Einrichtung als Zahlungsmittel zu- oder abfließen.

1e – Verwendung/Auszahlung von Rückstellungen Wie unter 1c erläutert ist die Bildung von Rückstellungen zunächst kein liquiditätswirksamer Vorgang. Zu einem Mittelabfluss kommt es erst dann, wenn der Tatbestand eintritt, für den die Rückstellung in Vorjahren gebildet wurde.[35] Typisch für den Krankenhausbereich sind Rückstellungen für Prüfungen des Medizinischen Dienstes der Krankenkassen (MDK). Im Zweifelsfall kann der MDK die Voraussetzungen und die ordnungsgemäße Abrechnung der erbrachten Krankenhausleistung innerhalb von sechs Wochen nach Eingang der Abrechnung überprüfen. Ist die Prüfung erfolgreich, erstattet das Krankenhaus einen Teil des bereits erhaltenen Abrechnungsbetrags an die Krankenkassen zurück.[36] Die Akutkliniken der Modellunternehmung bilden für das Risiko der MDK-Prüfung Rückstellungen unter der Position „Rückforderungen Krankenkassen". Alle weiteren Auszahlungen, für die Rückstellungen gebildet wurden, erfasst das Cashflow-Statement im Punkt „Sonstige Rückstellungen". Dies betrifft z. B. Rückstellungen für Abfindungen oder offene Rechtsstreitigkeiten. Abschließend werden die Ergebnisse der Berechnungsschritte zu einer Summe zusammengefasst, woraus sich der „Cashflow aus der laufenden Geschäftstätigkeit" ergibt.

Der „Cashflow aus der Investitionstätigkeit" wird direkt aus den Angaben der konsolidierten Investitionsrechnung ermittelt.

Zunächst berücksichtigt die Unternehmung im „Cashflow aus der Investitionstätigkeit" die Auszahlungen der geplanten und durchgeführten Investitionen. Grundsätzlich können gemäß § 5 Abs. 2 bis 5 KHBV die Investitionen der Krankenhäuser durch

- Zuweisungen und Zuschüsse der öffentlichen Hand (§ 5 Abs. 2 KHBV),
- Fördermittel des zuständigen Bundeslandes nach dem Krankenhausfinanzierungsgesetz für Investitionen (§ 5 Abs. 3 KHBV) oder Fördermittel für Darlehenslasten für bewilligte Fördermittel vor Aufnahme in den Krankenhausplan (§ 5 Abs. 4 KHBV) und
- Eigenmittelförderungen für Investitionsgüter, die vor Inkrafttreten der Investitionsförderung beschafft wurden und für die ein Ausgleich für die Wertminderung ab dem Zeitpunkt des Inkrafttretens der Investitionsförderung gefordert werden kann (§ 5 Abs. 5 KHBV).

---

[35] Vgl. Havighorst (2004, S. 19 f.).
[36] Vgl. §§ 275 Abs. 1, 275 Abs. 1c. SGB V.

Die Krankenhäuser des Konzerns werden entsprechend der Regelungen nach § 5 Abs. 3 KHBV gefördert. Zu diesem Zweck werden unter der Position „Zahlung Investitionen und gefördertes Leasing" die Zahlungsströme für geförderte und nicht geförderte Investitionen sowie die Raten für geförderte Leasingprojekte liquiditätsmindernd berücksichtigt. Die nicht geförderten Leasingraten stellen einen Aufwand dar, dessen Abfluss durch die Berücksichtigung im GuV-Ergebnis Berücksichtigung gefunden hat (Position 1a). Unter „Zufluss Fördermittel" erfasst das Cashflow-Statement die bewilligten und zugeflossenen Fördermittel der Bundesländer kumuliert für den Konzern.

Die Zahlungsströme des „Cashflows aus der Finanzierungstätigkeit" werden direkt anhand der konzernweiten Finanzierungsrechnung bestimmt.

Zu Beginn gibt das Cashflow-Statement die Zahlungsströme der Außenfinanzierung wieder. Die Position „Darlehenstilgung/-zuführung" beinhaltet die Summe der Zahlungsströme, die durch die Darlehensaufnahmen und deren Tilgung entstehen.

Anschließend werden die Zinserträge, Zinsaufwendungen und Darlehenszinsen aufgeführt, die im Cashflow aus der Geschäftstätigkeit unter dem Berechnungsschritt „1b Zahlungsrelevante Umgliederung GuV-Positionen" abgegrenzt wurden.[37]

Neben den klassischen Finanzierungsformen wie Betriebsmittelkredite und Investitionsdarlehen bedienen sich Gesundheitsunternehmungen zunehmend Alternativen wie z. B. dem Factoring. Hierbei handelt es sich um eine externe Finanzierungsform, bei der Forderungen gegenüber einem Drittschuldner (Krankenkasse/Patient) an ein Factoringinstitut verkauft werden. Die Unternehmung kann sofort über die Mittel aus den abgetretenen Forderungen verfügen. Zusätzlich können durch das Factoringinstitut weitere Funktionen, wie die Übernahme des Delkredererisikos oder Dienstleistungen des Forderungswesens übernommen werden.[38] Im Gegenzug verlangt das Factoringinstitut ein vereinbartes Factoringgeld.[39] Der Liquiditätseffekt aus dem Forderungsverkauf erscheint im „Cashflow aus der Finanzierungstätigkeit" unter „Factoring".

Die Summe aus den drei Cashflow-Arten ergibt schließlich die Liquiditätsveränderung des Konzerns einer Berichtsperiode.

Das so gebildete Cashflow-Statement liefert dem Liquiditätsmanagement die Daten zur Interpretation der Liquiditätsveränderung bezogen auf die Innenfinanzierungskraft sowie der Investitions- und Finanzierungsmaßnahmen.[40]

In der Beispielberechnung ergibt sich ein „Cashflow aus der operativen Geschäftstätigkeit" in Höhe von 15 Mio. €. Somit konnte der Konzern im Rahmen seiner betrieblichen

---

[37] Der Deutsche Rechnungslegungsstandard Nr. 2 ordnet Zinserträge und Zinsaufwendungen dem Cashflow aus der laufenden Geschäftstätigkeit zu. Alternativ können Zinserträge dem Cashflow aus der Investitionstätigkeit und Zinsaufwendungen dem Cashflow aus der Finanzierungstätigkeit zugeordnet werden (vgl. DRS, Rn. 38–41.).

[38] Nähere Erläuterungen zu den unterschiedlichen Factoringformen In: Werdenich (2008, S. 167–179), vgl. Frodl (2012, S. 75–80).

[39] Vgl. Frodl (2012, S. 79 f.).

[40] Vgl. Wolke (2010, S. 96).

Tätigkeit einen Liquiditätsüberschuss erwirtschaften. Die zusätzlichen liquiden Mittel stehen dem Konzern für Investitionen in das Unternehmen oder für Finanzierungsvorgänge zur Verfügung. Die einzelnen Berechnungsschritte des Cashflows aus der operativen Geschäftstätigkeit geben zusätzlich Aufschluss darüber, wie sich der Cashflow zusammensetzt. Der (korrigierte) Jahresüberschuss beläuft sich auf 5 Mio. €. Die Differenz zwischen dem Betriebsergebnis und dem operativen Cashflow beträgt 10 Mio. €. Im Wesentlichen wird die Differenzsumme durch die Umgliederung zahlungsrelevanter GuV-Positionen unter Punkt 1b (4,7 Mio. €), der Bildung von Rückstellungen für Weihnachtsgeld (5 Mio. €), der Bildung von Absetzungen für Abnutzungen (6,5 Mio. €) unter Punkt 1c sowie der Auszahlung des Weihnachtsgelds (− 5 Mio. €) unter Punkt 1d verursacht.

Der „Cashflow aus der Investitionstätigkeit" beträgt − 5 Mio. €. Dies ist grundsätzlich positiv zu bewerten, da ein negatives Ergebnis darauf schließen lässt, dass ein Unternehmen in seinen Erhalt und in die Unternehmensentwicklung investiert.[41] Diese Aussage ist jedoch nur bedingt auf den Krankenhausbereich übertragbar, da aufgrund der dualen Krankenhausfinanzierung die Länder verpflichtet sind, die notwendigen Investitionen der Krankenhäuser zu finanzieren.[42] Jedoch deckt die Fördersumme des Landes (5 Mio. €) lediglich 50 % der getätigten Investitionen der Beispieleinrichtung (− 10 Mio. €). Die verbleibenden Investitionskosten finanziert der Konzern aus den erwirtschafteten Überschüssen des operativen Geschäfts oder durch zusätzliche Finanzierungsquellen.

Der „Cashflow aus der Finanzierungstätigkeit" ist mit − 8,2 Mio. € zu bewerten. Insbesondere die Kosten für die aufgenommenen Darlehen beeinflussen das Ergebnis negativ. Unter „Darlehenstilgung/Darlehenszuführung" sind die Kosten für die Darlehenstilgung und die zusätzliche Zuführung an finanziellen Mitteln durch Darlehen summiert. Die Kosten für die Tilgung bereits bestehender und neuer Darlehen übersteigen die zugeführten Darlehen, so dass sich ein Betrag von − 5,5 Mio. € ergibt. Darüber hinaus wirken sich die Auszahlungen für Darlehenszinsen (− 4,5 Mio. €) liquiditätsmindernd auf den „Cashflow aus der Finanzierungstätigkeit" aus.

Insgesamt ergibt sich ein positiver Cashflow in Höhe von 1,8 Mio. €.

Für das Cashflow-Statement der Modelleinrichtung wurden folgende Schwachstellen analysiert.

Zunächst bestehen Optimierungspotentiale für die *Cashflow-Ermittlungsmethode*. Die bisherige indirekte Cashflow-Rechnung ermöglicht dem Unternehmen keine Aussage darüber, welchen Einfluss Sachverhalte im operativen Geschäft auf die Liquidität haben. Lediglich die direkte Ermittlungsmethode liefert lenkungsrelevante Informationen über die Cash-Treiber und liquiditätsgefährdenden Vorgänge.[43] Daher empfiehlt sich eine Umstellung der Cashflow-Ermittlungsmethode von der indirekten auf die direkte Variante.

Im Weiteren wurde ermittelt, dass die bisherige *Grundlage der Cashflow-Rechnung* nicht geeignet ist, um sämtliche liquiditätswirksamen bzw. liquiditätsunwirksamen Sach-

---

[41] Vgl. Wolke (2010, S. 96).

[42] Vgl. Graumann und Schmidt-Graumann (2011, S. 41).

[43] Vgl. Wöhe (1987, S. 331).

verhalte zu identifizieren. Ursächlich ist, dass die Cashflow-Rechnung die aggregierten Kontenwerte der Gewinn- und Verlustrechnung als Datenquelle nutzt. Hierdurch werden zahlungsunwirksame, untergeordnete Einzelkonten zu ungenau berücksichtigt. Damit die Cashflow-Rechnung einen korrekten Cashflow ermittelt, sind sämtliche Einzelkonten der Gewinn- und Verlustrechnung auf ihre Zahlungswirksamkeit hin zu untersuchen. Insbesondere müssen hierzu auch die Mischkonten in ihre zahlungswirksamen und zahlungsunwirksamen Komponenten untergliedert werden.[44]

Bei der Analyse des „Cashflows aus der operativen Geschäftätigkeit" wurde festgestellt, dass der *Working-Capital-Effekt* nicht erfasst wird. Die Folge ist, dass der Cashflow Aufwendungen und Erträge enthält, die erst in einer späteren Periode zu Aus- und Einzahlungen führen.[45] Die optimierte Cashflow-Rechnung sollte lediglich die in dieser Periode real angefallenen Zahlungsvorgänge durch die Berücksichtigung der Veränderung des Working Capital erfassen.

Im „Cashflow aus der Investitionstätigkeit" werden sämtliche Zahlungsvorgänge aus den *Zu- und Abgängen des Anlagevermögens* in Summe erfasst. Somit verdeutlicht die Cashflow-Rechnung im Bereich der Investitionstätigkeit nicht, aus welchen Quellen zusätzliche Finanzmittel generiert werden konnten bzw. für welche Investitionen Finanzmittel geflossen sind. Daher sollte die Mindestgliederung gemäß dem DRS Nr. 2 in der modifizierte Cashflow-Rechnung berücksichtigt und ggf. weiter ausgebaut werden.

Ebenfalls werden im „Cashflow aus der Investitionstätigkeit" die *öffentlichen Fördermittel* der Kliniken in Summe erfasst. Das Liquiditätsmanagement erkennt somit nicht, aus welchen Quellen die Fördermittel geflossen sind. Daher sollte eine differenziertere Untergliederung nach der Fördermittelart erfolgen. Hiermit verbunden ist auch, dass die mit der Krankenhausfinanzierung verbundene Verpflichtung zur zweckentsprechenden Verwendung und ggf. Rückzahlung von Fördermitteln[46] unberücksichtigt bleibt. Sind Fördermittel zweckgebunden, bedeutet dies, dass die Finanzierung ausschließlich für die im Fördermittelbescheid bestimmten Fördervorhaben verwendet werden dürfen und auch die Nutzung der geförderten Anlagegüter dem Zweck laut Fördermittelbescheid entspricht. Verwendet das Krankenhaus die Fördermittel für einen anderen Sachverhalt, so kann es zu einer Rückforderung der gewährten Fördermittel an das Bundesland kommen.[47] Damit das Krankenhausmanagement erkennt, über welche Finanzmittel es effektiv frei verfügen kann, sollten künftig zweckgebundene, sowie zurückgezahlte Fördermittel im Cashflow-Statement gekennzeichnet werden.

Weiterhin wird die derzeitige Cashflow-Rechnung den *Besonderheiten von Konzerngesellschaften* nicht gerecht. Veräußert oder erwirbt der Konzern ein Tochterunternehmen oder eine sonstige Geschäftseinheit, so ist im „Cashflow aus der Investitionstätigkeit" die

---

[44] Vgl. Siener,(1991, S. 63).

[45] Vgl. Wolke (2010, S. 94), vgl. Von Wysocki (1998, S. 69–78).

[46] Vgl. Leber und Pfeiffer (2010, S. 63–66).

[47] Eine Ausführliche Erläuterung über die Rückforderung und Zweckbindung von Fördermitteln durch die Länder in Leber und Pfeiffer (2010, S. 55–82).

Summe aus dem Kauf-/Verkaufspreis vermindert um die erworbenen oder abgegebenen Zahlungsmittel und Zahlungsäquivalente auszuweisen.[48] Dementsprechend ist der „Cashflow aus der Investitionstätigkeit" um diesen Sachverhalt zu erweitern.

Eine weitere Fehlerquelle lässt sich beim „Cashflow aus der Finanzierungstätigkeit" identifizieren. Die *Zinserträge und Zinsaufwendungen* erfasst die Einrichtung vollständig unter dem „Cashflow aus der Finanzierungstätigkeit". Der Deutsche Rechnungslegungsstandard Nr. 2 hingegen weist die gezahlten und erhaltenen Zinsen getrennt im „Cashflow aus der laufenden Geschäftstätigkeit" aus. Eine weitere Möglichkeit besteht darin, dass die Zinsaufwendungen im Anhang aufgeführt werden. Alternativ können die Zinszahlungen zweckentsprechend erfasst werden, so dass Zinserträge dem „Cashflow aus der Investitionstätigkeit" und Zinsaufwendungen dem „Cashflow aus der Finanzierungstätigkeit" zugeordnet werden.[49]

Schließlich erfasst der bisherige „Cashflow aus der Finanzierungstätigkeit" die Zahlungsströme aus der *Aufnahme und Tilgung von Darlehen* als Sammelposten („Darlehenstilgung/-zuführung"). Für eine bessere Aussagekraft sollten künftig Auszahlungen für Darlehenstilgungen und Einzahlungen aus der Darlehenszuführung separat erfasst werden.

3.4.1.3 Modifikation

In einem ersten Schritt wurde die ursprüngliche derivative, indirekte Cashflow-*Ermittlungsmethode* durch das derivative, direkte Verfahren ersetzt. Zudem wurde die Cashflow-Rechnung auf *Ebene der Einzelkonten* entwickelt. Abbildung 3.5 zeigt die neue Cashflow-Ermittlungsmethode.

Zu Beginn ermittelt die Cashflow-Rechnung den „Cashflow aus operativer Geschäftstätigkeit", indem zunächst das „liquiditätswirksame operative Ergebnis" bestimmt wird. Hierzu wurde ein Kontenmodell erstellt, welches die Ein- und Auszahlungen der Unternehmung gegenüberstellt. Dieser Vorgang wurde für jede einzelne Einrichtung des Konzerns vorgenommen. Ausgehend vom GuV-Kontenmodell wurden auf Grundlage der Einzelkonten-Ebene sämtliche Konten systematisch auf ihre Zahlungswirksamkeit hin überprüft und alle zahlungsunwirksamen Konten manuell abgegrenzt oder aus dem Kontenmodell ausgeschlossen. Im Ergebnis erhalten die Einrichtungen ein GuV-Kontenmodell, das lediglich die liquiditätswirksamen Konten enthält. Ferner wurden die Konten den jeweiligen Cashflow-Arten zugeordnet.

In einem weiteren Schritt bereinigte das Unternehmen das „liquiditätswirksame operative Ergebnis" um die *Working-Capital-Veränderung*. Die Zahlungsziele der Einrichtung sind stabil, so dass es unterjährig zu keinen Ein-und Auszahlungsspitzen kommt. Das ermöglicht dem Konzern eine vereinfachte Berechnung der Veränderung des Working

---

[48] Vgl. DRS 2, Rn. 45–46, 51.
[49] Vgl. DRS Nr. 2, Rn. 38–41.

Cashflow-Rechnung
0	Liquiditätswirksames operatives Ergebnis
1a	Mittelbindung
1b	Mittelfreisetzung
	Working-Capital-Veränderung
1	Cashflow aus operativer Geschäftstätigkeit
2a	+ Einzahlungen aus Abgänge von Gegenständen des Sachanlagevermögens
2b	+ Einzahlungen aus Abgängen von Gegenständen des immateriellen Anlagevermögens
2c	- Auszahlungen für Investitionen in das Sachanlagevermögen
2d	- Auszahlungen für Investitionen in das immaterielle Anlagevermögen
2e	- Auszahlungen für Investitionen in das Finanzanlagevermögen
2f	+ Zufluss Fördermittel
	Pauschal
	Einzelförderung
2g	- Rückzahlung von Fördermitteln
2h	+ Zufluss sonstige Fördermittel
	davon zweckgebunden
2i	+ Zinserträge
2j	+/- Einzahlungen/Auszahlungen aus dem Erwerb und dem Verkauf von konsolidierten Unternehmen und sonstigen Geschäftseinheiten
2	Cashflow aus Investitionstätigkeit
3a	- Ausschüttungen an Gesellschafter
3b	- Darlehenstilgung
3c	+ Darlehenszuführung
3d	- Zinsaufwendungen
3	Cashflow aus Finanzierungstätigkeit
4	Cashflow

Abb. 3.5 Derivative, direkte Cashflow-Ermittlungsmethode

Capital mittels der durchschnittlichen Debitorenlaufzeit (DSO[50]) und Kreditorenlaufzeit (DPO[51]). Abbildung 3.6 zeigt die Berechnung der Debitorenlaufzeit für das Jahr 2014.

Im Jahr 2014 lag die Debitorenlaufzeit (DSO = Forderungen aus Lieferungen und Leistungen*365/Umsatzerlöse) bei durchschnittlich 34,3 Tagen. Bezogen auf die Umsätze in-

---

[50] Die Kennzahl DSO (Day Sales Outstanding) gibt die durchschnittliche Dauer an, bis Forderungen beglichen werden (vgl. Werdenich (2008, S. 85)).

[51] Die Kennzahl DPO (Day Payables Outstanding) gibt die durchschnittliche Dauer an, bis Verbindlichkeiten beglichen werden (vgl. Werdenich (2008, S. 89)).

Working Capital-Effekt	2013 (in T€)	2014 (in T€)	Erläuterung
Forderungen aus Lieferungen und Leistungen	47,000	49,350	= Forderungsbestand 31.12.
Umsatz p.a.	500,000	525,000	= Durchschnittswert des Geschäftsjahres
Tage	365	365	
Debitorenlaufzeit (DSO)	34.3	34.3	= Zeitspanne der ausstehenden Forderungen (Days Sales Outstanding - DSO)
Mittelbindung		2,350	= Forderungen aus L+L 2014 ./. Forderungen aus L+L 2013

Abb. 3.6 Berechnung Mittelbindung. (Eigene Darstellung)

Working-Capital-Effekt	2013 (in T€)	2014 (in T€)	Erläuterung
Verbindlichkeiten aus Lieferungen und Leistungen	10,800	11,340	= Verbindlichkeitsbestand 31.12.
Materialeinsatz + Fremdleistungen p.a.	95,000	99,750	= Durchschnittswert des Geschäftsjahres
Tage	365	365	
Kreditorenlaufzeit (DPO)	41.5	41.5	= Außenstandstage der Verbindlichkeiten (Days Payables Outstanding – DPO)
Mittelfreisetzung		540	= Verbindlichkeiten aus L+L 2014 ./. Verbindlichkeiten aus L+L 2013

Abb. 3.7 Berechnung Mittelfreisetzung. (Eigene Darstellung)

klusive Umsatzsteuer ergeben sich 49,35 Mio. € Außenstände. Verringert um die Außenstände aus dem Vorjahr (47 Mio. €) entsteht eine effektive Mittelbindung von 2,35 Mio. €.

Darüber hinaus berechnet der Konzern die Kreditorenlaufzeit (vgl. Abb. 3.7).

Die Kreditorenlaufzeit umfasst durchschnittlich 41,5 Tage. Somit begleicht das Unternehmen von den gebuchten Aufwendungen (99,75 Mio. €) 11,34 Mio. € in der nachfolgenden Periode. Korrigiert um den Wert aus dem Jahr Vorjahr entsteht eine Mittelfreisetzung von 0,54 Mio. €.

Unterstellt man keine Veränderung der Lagerbestände, beträgt die Mittelbindung bzw. der Working-Capital-Effekt damit insgesamt 1,81 Mio. € (Differenz aus 2,35 Mio. € und 0,54 Mio. €). Dieser Betrag wirkt sich liquiditätsmindernd in der Cashflow-Rechnung aus (vgl. Abb. 3.8).

Im nächsten Schritt wird die Cashflow-Rechnung um die Zahlungsvorgänge der Investitions- und Finanzierungstätigkeiten ergänzt.

Der Klinikkonzern modifiziert den „Cashflow aus der Investitionstätigkeit", indem die bisherigen *Zu- und Abgänge des Anlagevermögens* differenziert erfasst werden. So erkennt das Management, für welche Maßnahmen die Finanzmittel abgeflossen sind und aus welchen Quellen die Finanzmittel stammen. Die ursprünglich in Summe dargestellten Investitionszahlungen werden nun getrennt nach der Investitionsart (Investitionen in das Sachanlagevermögen, immaterielle Anlagevermögen, Finanzanlagevermögen) aufgeführt. Zudem erfasst die Cashflow-Rechnung differenziert, welche Einzahlungen der Unternehmung durch die Veräußerung von materiellen und immateriellen Anlagegegenständen zufließen.

Weiterhin führt der „Cashflow aus der Investitionstätigkeit" die gesamten *Fördermittel* untergliedert nach ihrer Art auf. Hierzu verdeutlicht die Cashflow-Rechnung unter Punkt 2f zunächst die in Summe erhaltenen Fördermittel der Bundesländer und die Fördermittel untergliedert nach Einzel- und Pauschalfördermitteln. Verwendet ein Krankenhaus die

		2014 (in T€)	Erläuterung
1	**Stand Jahresbeginn lt. Fibu-Konten**	**1.500,0**	= Liquiditätsstatus ohne Fördermittel (a) + Bestand Fördermittel-Konten (b)
	Davon:		
a	**Liquiditätsstatus ohne Fördermittel**	1.495,5	= Kontostände + Kreditlinien + Factoringlinien + Leasinglinien
	Kontostände		
	Kreditlinien		
	Factoringlinien		
	Leasinglinien		
b	**Bestand Fördermittel-Konten**	4,5	= Kontostände der Fördermittel-Konten
2	**Stand Jahresende lt. Konten**	**3.250,0**	= Liquiditätsstatus ohne Fördermittel (a) + Bestand Fördermittel-Konten (b)
	Davon:		
a	**Liquiditätsstatus ohne Fördermittel**	3.245,0	= Kontostände + Kreditlinien + Factoringlinien + Leasinglinien
	Kontostände		
	Kreditlinien		
	Factoringlinien		
	Leasinglinien		
b	**Bestand Fördermittel-Konten**	5,0	= Kontostände der Fördermittel-Konten
3	**Stand Jahresende lt. CF-Rechnung**	**3.300,0**	= Stand Jahresbeginn lt. Fibu-Konten (1) + Cashflow (a)
	Davon:		
a	Cashflow	1.800,0	= Berechneter Cashflow der Periode
4	**Abweichung**	**50,0**	= Differenz Stand Jahresende lt. Fibu-Konten und Stand Jahresende lt. CF-Rechnung

Abb. 3.8 Berechnung Liquiditätsstatus. (Eigene Darstellung)

Fördermittel nicht für den beabsichtigten Zweck, kommt es zu einer Rückzahlung an das Bundesland. Diesen Sachverhalt berücksichtigt der „Cashflow aus der Investitionstätigkeit" unter Punkt 2 g „Rückzahlung von Fördermitteln". Zusätzlich erfasst die Cashflow-Rechnung Fördermittel durch sonstige Dritte. Über zweckgebundene Fördermittel von Dritten kann die Unternehmung ebenfalls nicht frei disponieren.[52] Dieser Sachverhalt erfasst der „Davon-Vermerk" unter Punkt 2h „Zufluss sonstige Fördermittel".

Letztlich beachtet der „Cashflow aus der Investitionstätigkeit" den Tatbestand, dass der Verkauf oder die Veräußerung von Tochterunternehmen oder sonstiger Geschäftseinheiten gesondert zu erfassen sind.[53] Die *Besonderheiten durch Konzerngesellschaften* werden in der Cashflow-Rechnung durch die Position „+/− Einzahlungen/Auszahlungen aus dem Erwerb und dem Verkauf von konsolidierten Unternehmen und sonstigen Geschäftseinheiten" abgebildet.

Ferner wurde der „Cashflow aus der Finanzierungstätigkeit" gestaltet. Das Cashflow-Statement korrigiert die ursprünglich fehlerhafte Zuordnung der *Zinserträge* im „Cashflow aus der Finanzierungstätigkeit". Künftig erfasst das Unternehmen die Zinszahlungen

---

[52] Vgl. Penter und Siefert (2010, S. 289).

[53] Vgl. DRS 2, Rn. 45–46, 51.

nach ihrem Entstehungs-/Verwendungszweck. Entsprechend dem DRS Nr. 2 weist die Cashflow-Rechnung die Zinserträge im „Cashflow aus der Investitionstätigkeit" aus. Hingegen erfasst der „Cashflow aus der Finanzierungstätigkeit" weiterhin die *Zinsaufwendungen.*[54]

Darüber hinaus stellt die modifizierte Cashflow-Rechnung die Zahlungsströme der Finanzierung durch *Darlehen* detaillierter dar. Die zuvor in Summe aufgelisteten Zahlungsströme für die Aufnahme und Tilgung der Darlehen werden nun separat ausgewiesen.

Zusätzlich zu den bisherigen Modifikationen bietet die Umstellung vom derivativen auf das originäre Ermittlungsverfahren zusätzliche Verbesserungspotentiale. Bei der Anwendung der originären Methode werden die einzelnen Zahlungsströme direkt erfasst und entsprechend ihrer Zahlungswirksamkeit bewertet. Durch das originäre Verfahren kann der Cashflow weitestgehend exakt bestimmt werden.[55] Anzumerken ist, dass zunächst die technische Umsetzung zu prüfen ist und ferner ob der Aufwand mit dem Nutzen in einem angemessenen Verhältnis steht.

3.4.2 Liquiditätsstatus

3.4.2.1 Anforderungen

Der Liquiditätsstatus ist ein Instrument, mit dem stichtagsbezogen die Liquidität des Unternehmens basierend auf den Kontoständen und Daten aus der Finanzbuchhaltung bestimmt wird. Der Liquiditätsstatus kann unterschiedlich grob oder fein strukturiert werden. Der Differenzierungsgrad sollte von den definierten Zahlungsmitteln und Zahlungsmitteläquivalenten abhängen, aus denen sich der Liquiditätsstatus zusammensetzt.[56] Lenkt eine Einrichtung die Liquidität zusätzlich mittels Cashflow, ist eine Abstimmung beider Systeme zwingend notwendig. Im günstigsten Fall entspricht die summierte Veränderung der Kontenwerte des Liquiditätsstatus der rechnerisch ermittelten Liquiditätsveränderung der Cashflow-Rechnung.

3.4.2.2 Ist-Analyse

In der Praxiseinrichtung werden die verfügbaren Zahlungsmittel und Zahlungsverpflichtungen tagesaktuell gemessen und bewertet. Daneben findet eine Abstimmung des Finanzstatus mit den Ergebnissen der Cashflow-Rechnung statt.

Die Beispieleinrichtung berechnet den Liquiditätsstatus nach dem Schema in Abb. 3.8.

Zunächst wird der Bestand an Finanzmitteln und Finanzmitteläquivalenten zum Periodenbeginn berechnet. Hierzu wird die Summe der Bankkontostände, offener Kreditlinien, Factoringlinien und Leasinglinien sowie der Fördermittel laut Fördermittel-Konten zum

---

[54] Vgl. DRS Nr. 2, Rn. 38–41.

[55] Vgl. Beatge et al. (2013, S. 483).

[56] Vgl. DRS 2, Rn. 16–22.

Perioden*anfang* gebildet. Der Liquiditätsstatus am Perioden*ende* ergibt sich durch die Veränderung der Liquidität in der Periode („Cashflow lt. Cashflow-Rechnung"), addiert um den Liquiditätsstatus zum Jahresbeginn. Das Ergebnis verdeutlicht den Bestand an verfügbaren Zahlungsmitteln und Zahlungsmitteläquivalenten und mithin, ob ausreichend Liquidität vorhanden ist, um den Zahlungsverpflichtungen nachzukommen.[57]

Für dieses Beispiel lässt sich feststellen, dass sich die Liquidität laut Konten von 1,5 Mio. € um 1,8 Mio. € auf 3,25 Mio. € erhöht hat. Gleicht man den auf Kontenbasis ermittelten Wert mit dem rechnerisch berechneten Cashflow ab, zeigt sich eine Differenz von −0,05 Mio. €. Diese Abweichung begründet sich in Ungenauigkeiten der Cashflow-Berechnung und ist insbesondere dann als problematisch zu bewerten, wenn sie deutlich höher ausfällt. Ziel muss es sein, die Cashflow-Rechnung so zu optimieren, dass beide Berechnungswege zu einem identischen Ergebnis (Liquiditätsstatus zum Stichtag) führen.

Für die Praxiseinrichtung konnte neben diesen Abstimmungsproblemen festgestellt werden, dass der Liquiditätsstatus Schwachstellen in der *Darstellungsform der Zahlungsmittel* aufweist. Das Berechnungsschema des Liquiditätsstatus enthält keine Informationen darüber, in welchem Zeitraum die Kliniken über die Zahlungsmittel und Zahlungsmitteläquivalente disponieren können. Daher wird diese der Darstellung des Liquiditätsstatus angepasst, so dass neben der Höhe auch die Verfügbarkeit über die liquiden Mittel aufzeigt werden.

3.4.2.3 Modifikation

Zur Eliminierung der identifizierten Schwachstellen wurden verschiedene Verbesserungsmöglichkeiten erarbeitet.

Basierend auf der ursprünglichen Ermittlungsmethode des Liquiditätsstatus wurde die *Darstellungsform der Zahlungsmittel* optimiert. Abbildung 3.9 zeigt den Liquiditätsstatus nach seiner Modifikation.

Die modifizierte Ermittlungs-Systematik berücksichtigt die unterschiedliche Verfügbarkeit von Mitteln. Zu diesem Zweck wurden in der Berechnung Zwischensummen nach den jeweiligen Finanzmittelquellen gebildet und hinsichtlich ihrer Liquidität strukturiert. Ebenfalls wurden die unterschiedlichen Finanzierungsinstrumente (Kredit, Factoring, Leasing) zweckorientiert sortiert und die bezogenen Mittel in Zwischensummen dargestellt. Die separate Darstellung zweckgebundener Fördermittel erwies sich als sinnvoll und wurde beibehalten. So verdeutlicht der modifizierte Liquiditätsstatus zum einen, wie hoch der Bestand an liquiden Mitteln ist und zum anderen, wie verfügbar bzw. in welcher Form die liquiden Mittel vorhanden sind.

---

[57] Vgl. Wolke (2010, S. 95).

1 Stand zu Jahresbeginn lt. Konten	in T€
a Liquiditätsstatus ohne Fördermittel	
Bank 1	
Bank 2	
Bank 3	
…	
Verfügbare Liquidität I - Barliquidität	
Bank 1	
Bank 2	
…	
Verfügbare Liquidität II - Barliquidität + Kreditlinien	
Factor 1	
Factor 2	
…	
Verfügbare Factoringlinien	
Leasinggeber 1	
Leasinggeber 2	
…	
Verfügbare Leasinglinien	
Verfügbare Liquidität III - Barliquidität + Kreditlinien + Factoring-/Leasinglinien	
Bestand Fördermittelkonten	
b Zweckgebundene Liquidität (Fördermittel)	
2 Stand zum Jahresende lt. Fibu-Konten	

Abb. 3.9 Modifizierte Struktur Liquiditätsstatus. (Eigene Darstellung)

3.4.3 Cashflow-orientierte Liquiditätsplanung

3.4.3.1 Anforderungen

Das Cashflow-Statement erfüllt retrospektiv eine Dokumentationsfunktion, prospektiv kann sie als Finanz- und Liquiditätsplanungsinstrument eingesetzt werden, sowie das Management in seinem finanzwirtschaftlichen Handeln unterstützen.[58] Die Liquiditätsplanung der Praxiseinrichtung ist cashflow-orientiert. Die Liquidität und deren Entwicklung werden in Form des Cashflows abgebildet. Die Liquiditätsplanung stellt sich in einer langfristigen und einer mittelfristigen Planung dar. Die Cashflow-Planung dient der dispositiven Liquiditätssicherung. Damit die Zahlungsfähigkeit gewährleistet werden kann, ist das zeitliche Auseinanderfallen der Ein- und Auszahlungen zu beachten. Hierzu bildet die Liquiditätsplanung die Zahlungsströme der in der langfristigen Finanzplanung getroffenen Investitions- und Finanzierungsentscheidungen ab. Für den ermittelten Kapitalbedarf/-überschuss wird dann das zusätzliche Kapital rentabilitätsorientiert beschafft bzw. angelegt.[59] Aus dieser Funktion ergeben sich folgende Anforderungen an die cashfloworientierte Liquiditätsplanung:

Weitestgehend genaue Prognose der Zahlungsströme Mit dem zunehmenden Planungshorizont der Liquiditätsplanung nimmt die Planungssicherheit ab. Aspekte, die zum Zeitpunkt der Liquiditätsplanung nicht bekannt waren, erfordern vom Unternehmen eine

---

[58] Vgl. Perridon et al. (2012, S. 266).

[59] Vgl. Eilenberger (2003, S. 46), Reichmann (2006, S. 268–670).

Ad-hoc-Reaktion. Um etwa kurzfristig bekannten Zahlungsverpflichtungen nachzukommen, sind entsprechend unrentable Liquiditätsreserven vorzuhalten. Somit ermöglicht eine genauere Finanzplanung Krankenhäusern ein sicheres Abschätzen der Ein- und Auszahlungen. Dementgegen stehen die, durch den erhöhten Aufwand einer genaueren Planung, anfallenden zusätzlichen Kosten.[60] Die Liquiditätsplanung der Praxiseinrichtung sollte daher eine möglichst genaue Prognose ermöglichen und hierbei auf ein angemessenes Verhältnis zu dem damit verbundenen Aufwand achten.

Kontinuierlich aktualisierte und angepasste Cashflow-Werte Zur Liquiditätssicherung bestimmt die Liquiditätsplanung die künftigen Zahlungsströme über den gesamten Planungszeitraum in ihrer Höhe und Fälligkeit.[61] Weitergehende Planungssicherheit erreicht die Liquiditätsplanung in Form der gleitenden, rollierenden Planung.[62] Daher sollten die Plan-Werte der cashflow-orientierten Liquiditätsplanung kontinuierlich mit den Ist-Werten abgeglichen und angepasst sowie neue Erkenntnisse in die nachfolgenden Vorhaben integriert werden.

Konsistenz der Plan Cashflows in den unterschiedlichen Cashflow-Planungen Damit Unternehmen innerhalb der unterschiedlichen Planungseinheiten der Liquiditätsplanung finanzwirtschaftliche Sachverhalte und deren Auswirkungen einheitlich, das bedeutet ohne Widersprüche, abbilden können, bedarf es einer durchgängig einheitlichen Planungssystematik.[63] Demnach sind die verschiedenen Planungsebenen miteinander verknüpft und stimmen beispielsweise notwendige Planrevisionen innerhalb der unterschiedlichen Ebenen aufeinander ab. Darüber hinaus vermeidet eine zeitlich aufeinander abgestimmte Liquiditätsplanung Planungslücken, so dass die Liquiditätsplanung konsistente Plan-Werte in den jeweiligen Planungsstufen enthält.[64] Hieraus ergibt sich, dass das angestrebte Liquiditätsplanungskonzept auf einer einheitlichen Planungs-Systematik aufbauen muss und die einzelnen Planungen zeitlich zu integrieren sind.

Bedarfsgerechter Berichtszyklus Das Liquiditätsmanagement der Praxiseinrichtung benötigt zur Liquiditätssicherung täglich die Informationen über die Liquiditätsentwicklung auf den Kontoständen des Konzerns. Detaillierte Angaben mittels Cashflow-Statement sollten monatlich, jährlich und für mindestens zwei Jahre im Voraus vorliegen. Von besonderer Relevanz sind große Zahlungen für Investitionen oder einmalige Positionen. Um rechtzeitig liquiditätssichernde Maßnahmen einzuleiten, ist daher möglichst frühzeitig, mindestens monatlich, über die anstehenden Zahlungen zu informieren.

---

[60] Vgl. Reichmann (2006, S. 257 f.).

[61] Vgl. Eisl et al. (2012, S. 113).

[62] Vgl. Reichmann (2006, S. 257 f.).

[63] Vgl. Lachnit und Müller (2003, S. 573), zitiert nach Lachnit und Müller (2012, S. 199).

[64] Vgl. Lachnit und Müller (2003, S. 573), zitiert nach Lachnit und Müller (2012, S. 199).

3.4.3.2   Langfristige Liquiditätsplanung (Cashflow-Planung)
Ist-Analyse
Die langfristige Liquiditätsplanung umfasst die Cashflow-Planung für ein Jahr. Diese wird unterjährig in einzelne Monate untergliedert. Die Cashflow-Ermittlung erfolgt analog zur Cashflow-Rechnung nach der derivativen, indirekten Ermittlungsmethode. Die Plan-Werte der Cashflow-Rechnung werden nach der Bottom-up Systematik ermittelt. Die Erfolg- und Investitionsplanungen der einzelnen Einrichtungen werden zu einer Cashflow-Planung zusammengefasst und auf Konzernebene um die Finanzplanung ergänzt.[65] Die Cashflow-Planung ist als rollierendes Instrument konzipiert. Monatlich finden Plananpassungen in Form einer Hochrechnung statt. Dadurch werden die Pläne und Prognosen tendenziell genauer. Indem in kürzeren Zeitabständen auf Planabweichungen oder neue Entwicklungen reagiert wird, können die finanziellen Ressourcen effektiver gesteuert werden. Abbildung 3.10 zeigt die Cashflow-Planung für den Monat Mai 2014.

Die Cashflow-Planung verdeutlicht in Spalte eins die Cashflow-Rechnung. Das Berechnungsschema ist identisch mit der Cashflow-Ermittlungsmethode. Spalte zwei bis sechs zeigen die Ist-, Hochrechnungs-, Plan- und Vorjahres-Werte des Cashflows. Spalte zwei gibt den Ist-Cashflow für den aktuellen Monat (hier kumuliert von Monat Januar bis zum aktuellen Monat Mai) an. Darauffolgend verdeutlicht die Cashflow-Planung die Hochrechnungswerte für die Folgemonate bis zum Jahresende (hier Juni bis Dezember), wie auch die Hochrechnungswerte für das gesamte Jahr (Addition von Spalte zwei und drei). Spalte fünf beinhaltet den Plan-Cashflow für das Jahr und Spalte sechs den Ist-Wert für das Vorjahr. Die Spalten sieben bis zehn berechnen die absolute und die prozentuale Abweichung zwischen Hochrechnung und dem ursprünglichem Plan sowie Hochrechnung und den Vorjahreswerten.

Indem die Liquiditätsplanung die künftigen Cashflows ebenfalls anhand der Struktur des Cashflow-Statements bestimmt, erfüllt sie die Grundvoraussetzung für einen Plan-Ist-Vergleich.[66] Die Cashflow-Planung integriert das Cashflow-Statement und liefert somit die notwendigen Ist-Daten für die weitere Analyse.

Die Cashflow-Planung bildet damit die Liquidität für das Jahr im Plan, Ist, Soll und im Vergleich zum Vorjahr ab. Monatlich erfolgt eine Kontrolle der Ist- und Plan- und Hochrechnungswerte. Möglichen Verschiebungen z. B. von Investitionsmaßnahmen in Folgemonate und deren Liquiditätsauswirkungen werden durch eine Anpassung der monatlichen Planwerte (Hochrechnung) Rechnung getragen. Das Lenkungsinstrument wird genauer und damit entscheidungsrelevanter.

Trotz dieser schon recht differenzierten Betrachtungsweise lässt sich ein Optimierungspotential im Hinblick auf den *Planungshorizont* feststellen. Derzeit ermittelt der Konzern

---

[65] Ausgangspunkt der Plan-Cashflow-Rechnung bilden üblicherweise die Plan-Bilanz, Plan-Erfolgsrechnung und Plan-Finanzierungsrechnung (vgl. Perridon et al. (2012, S. 266)). Derzeit verfügt die Praxiseinrichtung über keine Plan-Bilanz, so dass die erforderlichen Informationen aufwendig aus den operativen Teilplänen generiert werden.

[66] Vgl. Schubert und Olliges (2013, S. 329).

Cashflow-Rechnung	Ist 2014 laufend	HR Mai-Dez. laufend	HR Jan.-Dez. laufend	Plan 2014 laufend	Ist 2013 laufend	Abweichung Plan (in T€) laufend	Abweichung Plan (in %) laufend	Abweichung Vorjahr (in T€) laufend	Abweichung Vorjahr (in %) laufend
1a Jahresüberschuss/-fehlbetrag									
Jahresergebnis (GuV)									
Nicht geplante Ergebnispositionen									
1a Jahresüberschuss/-fehlbetrag korrigiert									
1b +/- Zahlungsrelvante Umgliederungen GuV-Positionen:									
Zinserträge									
Zinsaufwendungen									
Darlehenszinsaufwendungen									
1b +/- Zahlungsrelvante Umgliederungen GuV-Positionen:									
1c +/- bereinigte, nicht zahlungsrlevante GuV-Positionen:									
Beiträge zur Berufsgenossenschaft									
Aufwendungen für Weihnachtsgeld									
Urlaub, Überstunden									
Ausgleiche laufendes Jahr									
Abschreibungen auf Forderungen									
Absetzung für Abnutzung (AfA)									
Rückstellung für Personalaufwendungen									
1c +/- bereinigte, nicht zahlungsrlevante GuV-Positionen:									
1d +/-tatsächliche zahlungswirksame GuV-Effekte:									
Aufwendungen für Weihnachtsgeld									
Beiträge zur Berufsgenossenschaft									
Erlösabgrenzungen									
Sachkostenabgrenzungen									
1d +/-tatsächliche zahlungswirksame GuV-Effekte:									
1e - Verwendung/Auszahlung von Rückstellungen:									
Rückforderungen Krankenkassen									
Sonstige Rückstellungen									
1e - Verwendung/Auszahlung von Rückstellungen:									
1 Cashflow aus operativer Geschäftstätigkeit									
Zahlung Investitionen und gefördertes Leasing									
Zufluss Fördermittel									
2 Cashflow aus Investitionstätigkeit									
Darlehenstilgung/-zuführung									
Zinserträge									
Zinsaufwendungen									
Darlehenszinsen									
Factoring									
3 Cashflow aus Finanzierungstätigkeit									
Cashflow									

Abb. 3.10 Cashflow-Planung. (Eigene Darstellung)

die Cashflow Plan-Werte für ein Jahr. Die Auswirkungen langfristig geplanter Investitions- und Finanzierungsentscheidungen werden nur unzureichend abgebildet. Ebenfalls erwarten Externe, wie z. B. Banken oder Wirtschaftsprüfer, häufig einen Planungshorizont von mindestens zwei Jahren. Daneben sollte die *Ermittlungsgrundlage* entsprechend der modifizierten Berechnungsmethode (vgl. hierzu Abschn. 3.4.1, „Cashflow-Ermittlungsmethode") umgestellt werden.

Modifikation

In der Cashflow-Rechnung sollten künftig die Cashflow-Werte analog zum modifizierten Cashflow-Statement *ermittelt* werden. Wie sich die Cashflow-Planung künftig darstellt, zeigt Abb. 3.11.

Der *Planungshorizont* der ursprünglichen Cashflow-Planung bildet die Auswirkungen der strategischen Vorhaben lediglich für ein Jahr ab. Weitergehende Aussagen über nachfolgenden Entwicklungen der Liquidität durch die geplanten Vorhaben zeigt die Cashflow-Planung nicht. Daher sollte die Cashflow-Planung auf mindestens zwei Jahre verlängert werden. Einen echten rollierenden Charakter kann die Berechnung jedoch erst dann erhalten, wenn die abgelaufenen Monate (hier Januar bis Mai) am Ende der bisherigen Teilpläne angehängt werden und damit immer eine Zweijahresvorschau möglich ist.

Ergänzend anzumerken ist, dass selbst ein Planungshorizont von zwei Jahren die langfristig geplanten Maßnahmen nicht adäquat abbildet. Daher sollte die Cashflow-Planung der Planungsdauer der strategischen Finanzplanung entsprechen.

Eine weitere Anregung wäre, die Bezugsebene der Cashflow-Planung zu erweitern und nicht nur den Konzern als Ganzes, sondern seine einzelnen Geschäftsfelder und Betriebsstätten zu betrachten. Hierdurch erlangt das Rechnungssystem eine höhere Transparenz, was gezieltere Steuerungseingriffe möglich macht. Derzeit werden die Plan-Werte auf Grundlage der dezentral von den Betriebsstätten geplanten Erfolgs- und Investitionsrechnungen und der zentralen Finanzplanung der Konzernmutter bestimmt. Überführt ein Unternehmen die Teilplanungen in eine Plan-Bilanz, so können hieraus weitere Informationen generiert werden. Die zuvor separat geplante Mittelverwendung sowie Mittelherkunft werden in den jeweiligen Positionen der Plan-Bilanz aufgeführt. Aussagen über die Fristenkongruenz von Investition und Finanzierung können danach geplant und überwacht werden.[67] Empfehlenswert ist daher die Erstellung einer Plan-Bilanz und die Einbindung dieser in ein geschlossenes, integriertes Finanzplanungssystem mit Ergebnisplanung und Cashflow-Planung. Integriertes System bedeutet, dass alle Berechnungen logisch miteinander verknüpft sind. Letztlich kann jedes Element nur unter Rückgriff auf die anderen Teile korrekt ermittelt werden.

3.4.3.3   Mittelfristige Liquiditätsplanung (Cash-Status)

Ist-Analyse

Bezugsgröße der mittelfristigen Liquiditätsplanung ist der Monat, der in der Praxiseinrichtung durch ein statistisches Verfahren prognostiziert wird. Die Datenbasis hierzu stellen die tägliche Veränderung der Kontostände der vergangenen fünf Jahre und der Hochrechnungswert des Cashflows des Plan-Jahres dar. Diese werden nach ihrer zeitlichen Relevanz bewertet, so dass die Werte des Vorjahres höher gewichtet werden, als die Werte der Jahre zuvor. Das arithmetische Mittel bildet dann den Hochrechnungswert der mittelfristigen Liquiditätsplanung. Eine Kontrolle erfolgt über einen täglichen Plan-Ist-Abgleich der prognostizierten Cashflows und der tatsächlichen Cashflows (die über die

---

[67] Vgl. Reichmann (2006, S. 260 f.).

Cashflow-Rechnung	Ist 2014 laufend	HR Mai-Dez. laufend	HR Jan.-Dez. laufend	Plan 2014 laufend	Ist 2013 laufend	Abweichung Plan T Euro laufend	Abweichung Plan Prozent laufend	Abweichung Vorjahr T Euro laufend	Abweichung Vorjahr Prozent laufend
0 Liquiditätswirksames operatives Ergebnis									
1a Mittelbindung									
1b Mittelfreisetzung									
Working-Capital-Veränderung									
1 Cashflow aus operativer Geschäftstätigkeit									
2a + Einzahlungen aus Abgänge von Gegenständen des Sachanlagevermögens									
2b + Einzahlungen aus Abgängen von Gegenständen des immateriellen Anlagevermögens									
2c - Auszahlungen für Investitionen in das Sachanlagevermögens									
2d - Auszahlungen für Investitionen in das immaterielle Anlagevermögen									
2e - Auszahlungen für Investitionen in das Finanzanlagevermögen									
2f + Zufluss Fördermittel									
Pauschal									
Einzelförderung									
2g - Rückzahlung von Fördermitteln									
2h + Zufluss sonstige Fördermittel									
davon zweckgebunden									
2i + Zinserträge									
2j +/- Einzahlungen/Auszahlungen aus dem Erwerb und dem Verkauf von konsolidierten Unternehmen und sonstigen Geschäftseinheiten									
2 Cashflow aus Investitionstätigkeit									
3a - Ausschüttungen an Gesellschafter									
3b - Darlehenstilgung									
3c + Darlehenszuführung									
3d - Zinsaufwendungen									
3 Cashflow aus Finanzierungstätigkeit									
4 Cashflow									

Abb. 3.11 Modifizierte Cashflow-Planung. (Eigene Darstellung)

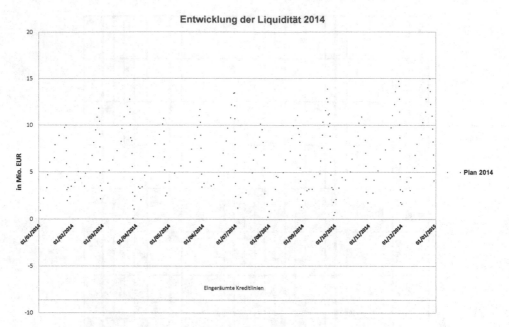

Abb. 3.12 Entwicklung der Liquidität. (eigene Darstellung)

tägliche Abfrage der Kontostände ermittelt werden). Hierbei handelt es sich ebenfalls um eine rollierende Planung, in der täglich die Abweichungen angepasst, sowie neue Erkenntnisse in die Hochrechnung integriert werden (vgl. Abb. 3.12).

Die Cash-Status-Planung visualisiert monatliche und saisonale Schwankungen. Erkennbar ist ein regelmäßiger Rhythmus im Monatsvergleich. Wird zunächst Liquidität aufgebaut, kommt es am Monatsende durch die Lohn- und Gehaltszahlungen zu einem deutlichen Liquiditätsabbau. Im Jahresvergleich kommt es zu einer kontinuierlichen Zunahme der Liquidität, was im Hinblick auf die Auszahlung des Weihnachtsgeldes am Jahresende auch zwingend erforderlich ist. Mögliche Liquiditätsengpässe werden durch verfügbare Kreditlinien ausgeglichen. Im Vergleich zwischen der Liquiditätskurve und der kommittierten Kreditlinie wird die Liquiditätsreserve verdeutlicht. Verzeichnet die Cash-Status-Planung einen Liquiditätsstatus unterhalb dieser Linie, liegt eine Liquiditätsunterdeckung vor. Zusammenfassend betrachtet erreicht das Liquiditätsmanagement durch die ergänzende, mittelfristige Liquiditätsplanung eine höhere Planungsgenauigkeit über den verfügbaren Bestand an Zahlungsmitteln und über mögliche Liquiditätsengpässe im Monatsverlauf.

Gleichzeitig weist das Instrument Schwächen auf: Eine Abstimmung der mittelfristigen mit der langfristigen Liquiditätsplanung ist mit einem hohen Aufwand verbunden. Die monatlichen *Cashflow-Werte* der langfristigen Cashflow-Planung (vgl. Abschn. 3.4.2.1) entsprechen nicht der Summe der geplanten Tages-Cashflows der mittelfristigen Liquiditätsplanung. Hierdurch erhält das Liquiditätsmanagement widersprüchliche Aussagen zum monatlichen Liquiditätsstatus. Ursächlich hierfür sind die unterschiedlichen Planungssystematiken der Liquiditätsplanungen. Hierbei ist vor allem die statistisch ermittelte, mittelfristige Finanzplanung auf den Prüfstand zu stellen.

Darüber hinaus reagiert die mittelfristige Liquiditätsplanung sensitiv auf die täglichen Kontoveränderungen, so dass die Hochrechnungswerte zu sehr schwanken. Dieses kann insbesondere in Zeiten schwacher Liquidität zum Problem werden.

Folglich ermittelt die ursprüngliche Planungssystematik keine valide Prognose der Liquiditätsentwicklung. Um dem zu begegnen bedarf es einer konsistenten Liquiditätsplanung, welche inhaltlich miteinander verknüpft ist und die Cashflow-Werte anhand der geplanten Ein- und Auszahlungen ermittelt.

Da der Gesundheitskonzern ein Cash-Pooling-System[68] einsetzt, sind zur Liquiditätssicherung die *großen Auszahlungen*, wie Investitionen und einmalige Ausgaben (die einer eigenen Finanzierung bedürfen) relevant. Um rechtzeitig ausreichende Mittel bereitstellen zu können, benötigt das Management die Informationen mindestens monatlich bzw. im besten Falle, sobald der Auszahlungsbetrag bekannt ist. Derzeit ermittelt die mittelfristige Liquiditätsplanung den künftigen Liquiditätsbedarf mittels Vergangenheitswerten und dem geplanten Jahres-Cashflow. Aktuelle Informationen über geplante Auszahlungen werden dadurch unzureichend einbezogen. Zur Liquiditätssicherung sind künftig Sachverhalte, die die Liquidität deutlich belasten, bzw. die einer eigenen Finanzierung über das Cash-Pooling hinaus bedürfen, in die mittelfristige Liquiditätsplanung zu integrieren.

Modifikation

Um valide Aussagen zur mittelfristigen Liquiditätsentwicklung treffen zu können, empfiehlt sich eine Anpassung des Lenkungsinstruments. Künftig sollte die mittelfristige und langfristige Liquiditätsplanung nach einer einheitlichen Planungssystematik erfolgen. In der mittelfristigen Liquiditätsplanung werden die monatlichen Cashflows der Cashflow-Planung in Tages-Cashflows aufgeteilt. Durch die Verknüpfung wird gewährleistet, dass die *Cashflow-Werte* der Liquiditätsplanungen einander entsprechen. Für eine genauere Liquiditätssteuerung werden große Auszahlungen wie etwa Personalzahlungen oder Investitionen separat aufgeführt. Beispielhaft bildet Abb. 3.13 die modifizierte mittelfristige Liquiditätsplanung der Modelleinrichtung ab.

Die mittlere Liquiditätsplanung in Abb. 3.13 beinhaltet im oberen Abschnitt die monatlichen Plan-Cashflows der langfristigen Cashflow-Planung. Diese werden um die monatlich geplanten *größeren Auszahlungen* (definiert als Personalzahlungen, Investitionen, Tilgungen für hohe Verbindlichkeiten, Zinszahlungen, sowie sonstige Sondereffekte - siehe Position 2 in Abb. 3.13) bereinigt, so dass sich im Ergebnis die monatliche Liquiditätsveränderung zuzüglich großer Plangrößen (Cashflow (bereinigt/Plan); siehe Position

---

[68] Beim Cash-Pooling (=Liquiditätsbündelung) werden die Gelder auf den unterschiedlichen Konten der Betriebsstätten täglich durch das zentrale Finanzmanagement zusammengeführt. Überschüssige Liquidität wird entzogen bzw. Liquiditätsunterdeckungen werden durch Kredite ausgeglichen. Daher wird eine detaillierte Information über den täglichen Liquiditätsstatus je Einrichtung seitens des Liquiditätsmanagement in der Regel nicht gefordert.

Planwerte/ Monat	Januar Ist	Februar HR	...	Σ	Erläuterung
Cash Flow	100				
- Personalzahlungen	-25				
- Investitionen	-5				
- Tilgungen					
- Zinszahlungen					
- Sonstige Sondereffekte					
Cash Flow (bereinigt/Plan)	130	...	...		=Cash Flow + große Auszahlungen

Planwerte/ Wochentag	1/1	2/1	3/1	4/1	...		Erläuterung
Cash Position (Ist/Plan)	15	17				130	= Cash Position Monatsbeginn (Plan) +/- Netto-Cash Flow (Ist)
Cash Flow (bereinigt/Plan)	6	6	6	6	...		= Tages-Cash Flows (bereingt/Plan)
- Personalzahlungen	0						
- Investitionen	5					-5	
- Tilgungen	0						
- Zinszahlungen	0						
- Sonstige Sondereffekte	0						
Manuelle Korrekturen	0						
Netto-Cash Flow	1	6	6	6		100	= Cash Flow (bereinigt/Plan) -große Auszahlungen
Cash Position (Ist/Plan)	17	21	0	0			=Cash Position Tagesbeginn (Plan) +/- Netto-Cash Flow (Ist)
Netto-Cash Flow (Ist)	2	4				95	

Abb. 3.13 Modifizierte Liquiditätsplanung. (Eigene Darstellung)

3 in Abb. 3.13) ergibt. Anschließend verteilt die Liquiditätsplanung den bereinigten Plan-Cashflow auf die Anzahl der Tage. Um den bereinigten Plan-Tages-Cashflow zu ermitteln, wird vereinfacht der bereinigte Netto-Cashflow durch die Anzahl der Werktage des Monats gerechnet (siehe Position 5 in Abb. 3.13).

Im nächsten Schritt wird die planmäßige, tägliche Liquiditätsentwicklung (Netto-Cashflow) ermittelt. Der geplante Tages-Cashflow wird um die großen Auszahlungen, die tatsächlich an diesem Tag anfallen, gemindert (siehe Position 7 in Abb. 3.13).

Die Position Cash-Position (Ist/Plan) gibt den tatsächlichen Liquiditätsstatus an, indem dieser zu Monatsbeginn (Cash-Position Ist/Plan - siehe Position 4 in Abb. 3.13), einschließlich der Liquiditätsveränderung laut der Kontostände (Netto-Cashflow (Ist) - siehe Position 9 in Abb. 3.13) berechnet wird.

Durch die neue mittelfristige Liquiditätsplanung werden die monatlichen und täglichen Cashflow-Werte bestimmt und für die kommenden Monate hochgerechnet. Planungsgrundlage sind zum einen die Plan-Cashflows der langfristigen Liquiditätsplanung und zum anderen die Angaben der großen, regelmäßigen Auszahlungen (z. B. Personalauszahlungen), als auch der bekannten großen Auszahlungen. Die großen Plangrößen werden tagesgenau geplant und berechnet, so dass das Liquiditätsmanagement frühzeitig liquiditätsgefährdende Engpässe erkennt. Ergänzend wird der geplante Cashflow mit dem Cashflow laut Kontoständen abgeglichen und angepasst. Mittels des Liquiditätsstatus zu Tagesbeginn kann der Konzern den Bestand an liquiden Mitteln tagesgenau feststellen.

3.4.3.4   Kurzfristige Liquiditätsplanung (Dispositionsvorschau)

Die bisherigen Instrumente zur Liquiditätssicherung sollten schließlich um eine kurzfristige Liquiditätsplanung ergänzt werden. Ausgangspunkt der langfristigen und mittelfristigen Liquiditätsplanung sind die konzernweite Planung der Gewinn- und Verluste, der Investitionen und deren Finanzierung. Wesentliche Zahlungsströme der einzelnen Standorte werden nicht explizit aufgeführt. Allerdings benötigen Unternehmen tagesgenaue Angaben über die anstehenden Ein- und Auszahlungen, um Liquiditätsengpässe rechtzeitig zu erkennen und liquiditätssichernde Maßnahmen einzuleiten. Dazu plant die Beispieleinrichtung zusätzlich eine Dispositionsvorschau, die die Zahlungsströme einzelner Einrichtungen für die nächsten sechs bis acht Wochen enthält.

In der praktischen Umsetzung melden die einzelnen Betriebsstätten des Unternehmens ihre erwarteten Zahlungsströme aufgrund gebuchter Zahlungen und Erfahrungswerte an die Konzernzentrale. Einerseits werden hierdurch die gebuchten Forderungen abhängig vom Zahlungsziel und Zahlungsverhalten der Kunden für den Planungszeitraum erfasst ebenso wie weitere voraussichtliche Zahlungseingänge. Andererseits berichten die Einrichtungen ihre Zahlungsausgänge mittels gebuchter Verbindlichkeiten, eingegangener Rechnungen sowie aufgrund von Erfahrungswerten (z. B. Personalauszahlungen). Abbildung 3.14 zeigt ein Muster der Dispositionsvorschau einer Einrichtung.

Die Dispositionsvorschau gliedert sich in die Zahlungsströme, die erfahrungsgemäß anfallen (Personalzahlungen, Steuern) und in sonstige Ein- und Auszahlungen, die für den Planungszeitraum bekannt sind. Angelehnt an das Cashflow-Statement ordnet die Dispositionsvorschau die Zahlungsströme den Geschäftstätigkeiten zu. Dadurch erkennt das Unternehmen, durch welche Vorgänge die Zahlungsmittel fließen. Die direkten Meldungen der geplanten Zahlungsströme an das Konzerncontrolling, ermöglichen dem Konzern die Liquiditätssituation einzuschätzen. Beispielsweise werden somit im Fall von Liquiditätsengpässen geplante Zahlungen rechtzeitig gestoppt.

Dispositionsmeldung	PK-Klinik													
06/01/2014	+ 6 Wochen													
Planwerte/ Tag		6/1	7/1	8/1	9/1	10/1	11/1	12/1	13/1	14/1	15/1	16/1	17/1	18/1	19/1
Personalzahlungen (-) Steuern (-) Sonstige operative Einzahlungen (+) Sonstige operative Auszahlungen (-) Zahlungen wg. Investitionstätigkeit (+/-) Zahlungen wg. Finanzierungstätigkeit (+/-)															
Summe Ein-/Auszahlungen															

Abb. 3.14 Dispositionsvorschau. (Eigene Darstellung)

In einem weiteren Schritt könnte die kurzfristige Liquiditätsplanung mit den vorherigen Liquiditätsplanungen verknüpft werden. Die Angaben der Dispositionsvorschau ergänzen so die Angaben der großen Plangrößen.

Literatur

Baetge, J., Kirsch, H.-J., Thiele, S. (2013): Konzernbilanzen. 10., überarbeitete Auflage. Düsseldorf. IDW Verlag

Bolin, M., Dreyer, H., Schäfer, A. (2013): Handbuch Handelsrechtliche Rechnungslegung. Jahres- und Konzernabschluss mit Steuerbilanz, IFRS und branchenspezifischer Bilanzierung. Berlin. Erich Schmidt Verlag

Colbe, W.-B. et al. (2010): Konzernabschlüsse. Rechnungslegung nach betriebswirtschaftlichen Grundsätzen sowie nach Vorschriften des HGB und der IAS/IFRS. 9., vollständig überarbeitet Auflage. Wiesbaden. Gabler Verlag

Eilenberger, G. (2003): Betriebliche Finanzwirtschaft. Einführung in Investition und Finanzierung, Finanzpolitik und Finanzmanagement von Unternehmungen. 7., vollständig überarbeitete und erweiterte Auflage. München. Oldenbourg Wissenschaftsverlag

Eisl, C., Hofer, P., Losbichler, H. (2012): Grundlagen der finanziellen Unternehmensführung. Band IV: Controlling. 2. Auflage. Wien. Linde Verlag

Frodl, A. (2012): Finanzierung und Investition im Gesundheitsbetrieb. Betriebswirtschaft für das Gesundheitswesen. Wiesbaden. Gabler Verlag

Graumann, M., Schmidt-Graumann, A. (2011): Rechnungslegung und Finanzierung der Krankenhäuser. Leitfaden für Rechnungslegung, Beratung und Prüfung. 2., überarbeitete Auflage. Herne. NWB-Verlag

Havighorst, F. (2004): Jahresabschluss von Krankenhäusern. Betriebswirtschaftliche Handlungshilfen. Düsseldorf. Hans Böckler Stiftung

Hentze, J., Kehres, E. (2007): Buchführung und Jahresabschluss in Krankenhäusern. Methodische Einführung. 3., überarbeitete und erweiterte Auflage. Stuttgart. Kohlhammer Verlag

Jungbluth, F., Söhnle, N. (2010): Rechnungslegung. In: Schmidt, O. [Hrsg.]: Das Krankenhaus in der Beratung. Recht, Steuern, Unternehmensbewertung, Rechnungslegung. Wiesbaden. Gabler Verlag. S. 221–240

Küting, K., Weber, C-P. (2012): Der Konzernabschluss. Praxis der Konzernrechnungslegung nach HGB und IFRS. 13., grundlegend überarbeitete Auflage. Stuttgart. Schäffer-Poeschel Verlag

Lachnit, L., Müller, S. (2003): Risiko-Controlling. Integrierte Erfolgs-, Bilanz- und Finanzrechnung als Instrument des Risiko-Controlling. In: Freidank, C.-C. [Hrsg.]: Controlling-Konzepte. 6. Auflage. Wiesbaden. Gabler Verlag. S. 563–589

Lachnit, L., Müller, S. (2012): Unternehmenscontrolling. Managementunterstützung bei Erfolgs-, Finanz-, Risiko- und Erfolgspotentialsteuerung. 2., überarbeitete und erweiterte Auflage. Wiesbaden. Springer Gabler Verlag

Leber, W., Pfeiffer, P. (2010): Krankenhausfinanzierung. Zentrale Fragestellung und ihre Lösungen. Köln. Luchterhand Verlag.

Lorke, B., Müller, J. (2008): Zukunftsorientiertes Krankenhausmanagement – Rechnungslegung nach IFRS. Düsseldorf. Deutsche Krankenhaus Verlagsgesellschaft

Losbichler, H. (2012): Grundlagen der finanziellen Unternehmensführung. Band III: Cashflow, Investition und Finanzierung. 2. Auflage. Wien. Linde Verlag

Penter, V., Siefert, B. (2010): Kompendium Krankenhaus-Rechnungswesen – Grundlagen, Beispiele, Akutelles, Trends -, Klumbach. Mediengruppe Oberfranken

Perridon, L., Steiner, M., Rathgeber, A. W. (2012): Finanzwirtschaft der Unternehmung. 16., überarbeitete und erweiterte Auflage. München. Franz Vahlen Verlag

Reichmann, T. (2006): Controlling mit Kennzahlen und Management-Tools. Die systemgestützte Controlling-Konzeption. 7., überarbeitete und erweiterte Auflage. München. Franz Vahlen Verlag

Schmalen, H., Pechtl, H. (2006): Grundlagen und Probleme der Betriebswirtschaft. 13., überarbeitete Auflage. Stuttgart. Schäffer-Poeschel Verlag

Schmolke, S., Deitermann, M., Rückwart, W.-D. (2005): Industrielles Rechnungswesen. IKR. Finanzbuchhaltung Analyse und Kritik des Jahresabschlusses Kosten- und Leistungsrechnung. Einführung und Praxis. Darmstadt. Winklers Verlag

Schubert, P., Olliges, O. (2013): Zeitgemäße Liquiditätsplanung – Ein Praxisbeispiel. In: Keuper, F. et al. [Hrsg.]:Die moderne Finanzfunktion. Wiesbaden. Gabler Verlag. S. 323–347

Wöhe, G. (1987): Bilanzierung und Bilanzpolitik. 7., Auflage. München. Franz Vahlen Verlag

Wolke, T. (2010): Finanz- und Investitionsmanagement im Krankenhaus. Berlin. Medizinisch Wissenschaftliche Verlagsgesellschaft

Zusammenfassung und Ausblick 4

Im vorliegenden Fachbuch wurde beleuchtet, inwiefern ein cashflow-orientiertes Liquiditätsmanagement geeignet ist, die aktuelle und zukünftige Zahlungsfähigkeit eines Krankenhauses sicherzustellen.

Zu diesem Zweck wurde im ersten Schritt die Bedeutung des Liquiditätsmanagements und des Cashflows theoriebasiert aufgezeigt. Danach liefert der Cashflow dem Liquiditätsmanagement die Informationen, die für die Ableitung von Maßnahmen zur Liquiditätssicherung notwendig sind. Er ist die einzige Kennzahl, die die Finanzsituation eines Unternehmens durch die real geflossenen Zahlungsströme darstellt. Entgegen Bilanz- oder Erfolgskennzahlen bildet der Cashflow die vorhandene Liquidität objektiv ab, da er frei von Abgrenzungs- und Bewertungsmaßnahmen ist. Die Berechnungsgrundlage für den Cashflow bietet das Cashflow-Statement. Daneben ist es das zentrale Instrument der Finanzanalyse. Es erklärt in der Ursachenrechnung, welche Sachverhalte liquiditätsgefährdend sind bzw. welche zu einer positiven Liquiditätsentwicklung beitragen. Die Liquiditätsstatus-Berechnung als weiterer Bestandteil des Cashflow-Statements ermittelt den Cashflow über die Veränderung der Zahlungsmittel auf den Kontoständen. Um auch künftig die Liquidität sicherzustellen, bedarf es neben einer Ist-Analyse einer systematischen Prognose der Zahlungsströme. Die Liquiditätsplanung in Form eines Cashflow-Statements ermöglicht dem Liquiditätsmanagement die Ein- und Auszahlungen in ihrer Höhe und Fälligkeit zu prognostizieren, um rechtzeitig liquiditätssichernde Maßnahmen einzuleiten. Die langfristige Liquiditätsplanung verdeutlicht die Liquidität und deren Entwicklung durch die prognostizierten Zahlungsströme im Cashflow-Statement für den Planungshorizont von einem Jahr. Ergänzend stellt die mittelfristige Liquiditätsplanung dem Liquiditätsmanagement die geforderten Informationen über den täglichen und monatlichen Liquiditätsstatus für ein Jahr bereit. Beide Liquiditätsplanungen sind in Form der gleitenden, rollierenden Planung aufgebaut, so dass die Plan-Werte stets mit den Ist-Werten abgeglichen und an neue Erkenntnisse angepasst werden.

© Springer Fachmedien Wiesbaden 2015   73
A. Wurm et al., *Cashflow-orientiertes Liquiditätsmanagement im Krankenhaus*,
Controlling im Krankenhaus, DOI 10.1007/978-3-658-09878-0_4

Im Rahmen der praktischen Untersuchung wurde zunächst die Besonderheiten von Krankenhäusern und Konzernen beleuchtet. Danach ist vor allem die krankenhausspezifische Investitionsfinanzierung durch die Bundesländer im Cashflow-Statement gesondert zu behandeln. Daneben stellt auch das Thema Erlösausgleiche und MDK-Rückstellungen eine Herausforderung bei der Abbildung der Geldzu- und -abflüsse dar. Bei der Anwendung des Cashflow-Statements in Konzerngesellschaften wirken sich die finanzwirtschaftlichen Effekte, die sich aus der Konsolidierung ergeben, auf die Berechnung aus.

Bei der sich anschließenden Schwachstellenanalyse am Beispiel eines Krankenhauses wurde festgestellt, dass der Cashflow des Cashflow-Statements und der Cashflow der Liquiditätsstatus-Berechnung voneinander abweichen und somit das Cashflow-Statement die Veränderung der liquiden Mittel zu ungenau erfasst. Daraufhin wurde das Cashflow-Statement vollständig überarbeitet. Vonnöten war die Umstellung der indirekten auf die direkte Ermittlungsmethode, so dass für das Cashflow-Statement ein neues Kontenmodell erstellt wurde. Hierbei zeigten sich folgende Herausforderungen: Die Kontenmodellierung gestaltete sich sehr aufwendig. Zudem erfordert die Zuordnung detaillierte Kenntnisse über die Zahlungswirksamkeit der Einzelkonten. Insbesondere konnten Mischkonten nicht immer eindeutig zugeordnet werden.

Im Hinblick auf die Liquiditätsplanung zeigte sich eine unzureichende Verzahnung der unterschiedlichen Planungsrechnungen. Ebenfalls führte die ursprüngliche Ermittlungssystematik der mittelfristigen Liquiditätsplanung zu keinen validen Cashflow-Planwerten. Eine weitere Schwachstelle der langfristigen Liquiditätsplanung war ein nicht ausreichender Planungshorizont von einem Jahr. Die Auswirkungen der langfristigen Vorhaben auf die Liquidität waren dadurch nicht frühzeitig einschätzbar.

Den dargelegten Problemstellungen begegnete die Modell-Unternehmung, indem eine neue integrierte Liquiditätsplanung konzipiert wurde. Das neue Cashflow-Statement wurde in die Cashflow-Planung übertragen und entsprechende Plan-Werte bestimmt sowie einheitlich für die jährliche, monatliche und tägliche Liquiditätsplanung umgesetzt. Zudem wurde der Planungshorizont der langfristigen Liquiditätsplanung verlängert – zunächst auf zwei Jahre, mittlerweile auf fünf Jahre. Zusätzlich wurde die vorhandene Liquiditätsplanung durch die Einführung einer kurzfristigen Dispositionsvorschau um standortbezogene Informationen erweitert.

Es kann festgestellt werden, dass die Modellunternehmung damit grundsätzlich über die notwendigen cashflow-orientierten Instrumente verfügt. In einem nächsten Schritt interessiert zum Beispiel die Frage, welche konkreten Maßnahmen sich zur Disposition der Zahlungsmittel sowie zur Gestaltung der Zahlungsströme anbieten, um das finanzielle Gleichgewicht sicherzustellen.

Anhang: Cashflow-Statement – indirektes Berechnungsschema

Cashflow-Statement - indirektes Berechnungsschema		
Berechnungsschema	**Krankenhausbesonderheiten**	**Datenquelle**
Jahresergebnis		GuV-Rechnung
+/- Abschreibungen/ Zuschreibungen auf Gegenstände des Anlagevermögens	Berücksichtigung nicht abzugsfähiger Abschreibungen geförderter Anlagegüter	Anlagenspiegel
+/- Zunahme/Abnahme der Rückstellung		Bilanz
+/- Sonstige zahlungsunwirksame Aufwendungen/Erträge		GuV-Rechnung
-/+ Gewinn/Verlust aus dem Abgang von Gegenständen des Anlagevermögens		Anlagenspiegel
-/+ Zunahme/Abnahme der Vorräte, der Forderungen a. LuL. sowie andere Aktiva, die nicht der Investitions- oder Finanzierungstätigkeit zuzuordnen sind		Bilanz
+/- Zunahme/Abnahme der Verbindlichkeiten a. LuL. sowie andere Passiva, die nicht der Investitions- oder Finanzierungstätigkeit zuzuordnen sind		Bilanz
+/- Ein- und Auszahlungen aus außerordentlichen Posten		Guv-Rechnung
= **Cashflow aus der laufenden Geschäftstätigkeit**		
Einzahlungen aus Abgängen von Gegenständen des Sachanlagevermögens	+ Einzahlungen aus geförderten Analageabgängen	Anlagengitter
+ Einzahlungen aus Abgängen von Gegenständen des immateriellen Anlagevermögens		Anlagengitter
- Auszahlungen für Investitionen in das Sachanlagevermögen	- Auszahlungen für geförderte Investitionen	Anlagengitter
- Auszahlungen für Investitionen in das immaterielle Anlagevermögen		Anlagengitter
+ Einzahlungen aus Abgängen von Gegenständen des Finanzanlagevermögens		Anlagengitter
- Auszahlungen für Investitionen in das Finanzanlagevermögen		Anlagengitter
+/- Einzahlungen und Auszahlungen aus dem Erwerb und dem Verkauf von konsolidierten Unternehmen und sonstigen Geschäftseinheiten		Anlagengitter
= **Cashflow aus der Investitionstätigkeit**		
Einzahlungen aus Eigenkapitalzuführungen	+ Einzahlungen aus der Auszahlung bewilligter Fördermittel	Bilanz
- Auszahlungen an Unternehmenseigner und Minderheitsgesellschafter	- Rückzahlungen von Fördermitteln	Bilanz
+ Einzahlungen aus der Begebung von Anleihen und der Aufnahme von (Finanz-)Krediten	+/- Umfinanzierungen	Finanzbuchhaltung
- Auszahlungen aus der Tilgung von Anleihen und (Finanz-) Krediten		Finanzbuchhaltung
= **Cashflow aus der Finanzierungstätigkeit**		
Zahlungswirksamme Veränderungen des Finanzmittelbestands		= Summe der Cashflows
+/- Wechselkurs-, konzernkreis-, bewertungsbedingte Änderungen des Finanzmittelbestands		Anlagengitter
+ Finanzmittelbestand am Anfang der Periode		Vorjahres-Bilanz
= **Finanzmittelbestand am Ende der Periode**	Davon-Vermerk (für erhaltene aber noch nicht zweckentsprechend verwendete Fördermittel)	

☐ = Durch die Konsolidierung beeinflusste Positionen

© Springer Fachmedien Wiesbaden 2015

A. Wurm et al., *Cashflow-orientiertes Liquiditätsmanagement im Krankenhaus*, Controlling im Krankenhaus, DOI 10.1007/978-3-658-09878-0

Literaturverzeichnis

Augurzky, B. u.a. (2014): Krankenhaus Rating Report 2014. Mangelware Kapital: Wege aus der Investitionsfalle. Heidelberg. Medhochzwei Verlag

Bächstädt, K.-H. (2008): Liquiditätsmanagement im Krankenhaus- Voraussetzungen zur Kreditfinanzierung. In: Everling, O. [Hrsg.]: Rating im Health-Care-Sektor. Schlüssel zur Finanzierung von Krankenhäusern, Kliniken, Reha-Einrichtungen. Wiesbaden. Gabler Verlag. S. 149–168

Baetge, J., Kirsch, H.-J., Thiele, S. (2004): Bilanzanalyse, 2. Auflage. Düsseldorf. IDW Verlag

Baetge, J., Kirsch, H.-J., Thiele, S. (2013): Konzernbilanzen. 10., überarbeitete Auflage. Düsseldorf. IDW Verlag

Becker, H. P. (2012): Investition und Finanzierung. Grundlagen der betrieblichen Finanzwirtschaft 5., überarbeitete und erweiterte Auflage. Wiesbaden. Gabler Verlag

Behrends, B. (2013): Praxishandbuch Krankenhausfinanzierung: Krankenhausfinanzierungsgesetz, Krankenhausentgeltgesetz, Psych-Entgeltgesetz, Bundespflegesatzverordnung 2., Auflage. Berlin. MWV Medizinisch Wissenschaftliche Verlagsgesellschaft

Behringer, S. (2010): Cash-Flow und Unternehmensbeurteilung. Berechnungen und Analysefelder für die Finanzanalyse. 10., völlig neu überarbeitete und erweiterte Auflage. Berlin. Erich Schmidt Verlag

Bieg, H., Kussmaul, H. (2000): Investitions- und Finanzmanagement. Band II. München. Vahlen Verlag

Bitz, M., Terstege, U. (2002): Grundlagen des Cash-Flow-Managements. Diskussionsbeitrag Nr. 317. Fernuniversität Hagen

Bleicher, K. (2002): Integriertes Management als Herausforderung. In: Schwendt, S. u. Funck, D. [Hrsg.]: Integrierte Managementsysteme. Konzepte, Werkzeuge, Erfahrungen. Heidelberg. Physica-Verlag. S. 1–24

Bleicher, K. (2004): Das Konzept Integriertes Management. Visionen-Missionen-Programme. 7., überarbeitete und erweiterte Auflage. Frankfurt/Main. Campus Verlag

Bleicher, K. (2005): Meilensteine der Entwicklung eines Integrierten Managements. Künzelsau. Swiridoff Verlag

Bolin, M., Dreyer, H., Schäfer, A. (2013): Handbuch Handelsrechtliche Rechnungslegung. Jahres- und Konzernabschluss mit Steuerbilanz, IFRS und branchenspezifischer Bilanzierung. Berlin. Erich Schmidt Verlag

Bornewasser, M. (2014): Dienstleistungen im Gesundheitssektor. In: Bornewasser, M., Kriegesmann, B., Zülch, J. [Hrsg.]: Dienstleistungen im Gesundheitssektor. Produktivität, Arbeit und Management. Wiesbaden. Gabler Verlag. S. 1–28

© Springer Fachmedien Wiesbaden 2015
A. Wurm et al., *Cashflow-orientiertes Liquiditätsmanagement im Krankenhaus,*
Controlling im Krankenhaus, DOI 10.1007/978-3-658-09878-0

Colbe, W.-B. et al. (2010): Konzernabschlüsse. Rechnungslegung nach betriebswirtschaftlichen Grundsätzen sowie nach Vorschriften des HGB und der IAS/IFRS. 9., vollständig überarbeitet Auflage. Wiesbaden. Gabler Verlag

Deutscher Rechnungslegungsstandard Comittee e. V. (DRSC) Deutscher Rechnungslegungsstandard Nr. 2 (DRS 2): Kapitalflussrechnung, bekanntgemacht gem. § 342 Abs. 2 HGB durch das Bundesministerium der Justiz im Mai 2000

DKI – Deutsches Krankenhaus Institut (2012): Krankenhaus Barometer. Umfrage 2012. In: www.dkgev.de/media/file/14190.2012-12_Krankenhaus_Barometer_2012.pdf (Download: 30.04.2014)

Drukarczyk, J. (2008): Finanzierung. Eine Einführung. 10., völlig neu bearb. Auflage. Stuttgart. UTB Verlag

Eichhorn, S. (2008): Das Konzept eines integrierten Krankenhausmanagements: von der Krankenhausbetriebslehre zur Krankenhaus-Managementlehre. In: Schmidt-Rettig, B. u. Eichhorn, S. [Hrsg.]: Krankenhausmanagementlehre. Theorie und Praxis eines integrierten Konzepts. Stuttgart. Kohlhammer Verlag, S. 81–180

Eilenberger, G. (2003): Betriebliche Finanzwirtschaft. Einführung in Investition und Finanzierung, Finanzpolitik und Finanzmanagement von Unternehmungen. 7., vollständig überarbeitete und erweiterte Auflage. München. Oldenbourg Wissenschaftsverlag

Eisl, C., Hofer, P., Losbichler, H. (2012): Grundlagen der finanziellen Unternehmensführung. Band IV: Controlling. 2. Auflage. Wien. Linde Verlag

Erichsen, J., Treutz, J. (2012): Professionelles Liquiditätsmanagement. Praxisleitfaden für Unternehmer und Berater. Ettenheim. NWB Verlag

Ertl, M. (2004): Aktives Cashflow-Management. Liquiditätssicherung durch wertorientierte Unternehmensführung und effiziente Innenfinanzierung. München. Franz Vahlen Verlag

Frodl, A. (2012): Finanzierung und Investition im Gesundheitsbetrieb. Betriebswirtschaft für das Gesundheitswesen. Wiesbaden. Gabler Verlag

Franke, G., Hax, H. (1999): Finanzwirtschaft des Unternehmens und Kapitalmarkt. 4. Auflage. Berlin. Springer Verlag

Franz, K.-P., Hochstein, D. (2011): Systeme und Prozesse der Finanzplanung. In: Gleich, R., Horváth, U., Michel, U. [Hrsg.]: Finanz-Controlling. München. Haufe Verlag. S. 143–154

Gälweiler, A. (1987): Strategische Unternehmensführung. Frankfurt/New York. Campus Verlag

Gesetz zur Kontrolle und Transparenz im Unternehmen (KonTraG) v. 27.04.98, BGBl I 1998/24, S. 787

Gleich, R., Horváth, U., Michel, U. (2011): Finanz-Controlling. München. Haufe Verlag

Graumann, M., Schmidt-Graumann, A. (2011): Rechnungslegung und Finanzierung der Krankenhäuser. Leitfaden für Rechnungslegung, Beratung und Prüfung. 2., überarbeitete Auflage. Herne. NWB-Verlag

Hänsch, H. (2013): Positiver Cash-Flow und höherer Erlös. Prozessorientiertes Medizincontrolling kann die Liquidität entscheidend verbessern. In: KU special Medizincontrolling. August Ausgabe. S. 25–28

Havighorst, F. (2004): Jahresabschluss von Krankenhäusern. Betriebswirtschaftliche Handlungshilfen. Düsseldorf. Hans Böckler Stiftung

Heesen, B. (2011): Cash- und Liquiditätsmanagement. Wiesbaden. Gabler Verlag

Hentze, J., Kehres, E. (2007): Buchführung und Jahresabschluss in Krankenhäusern. Methodische Einführung. 3., überarbeitete und erweiterte Auflage. Stuttgart. Kohlhammer Verlag

Horváth, P. (2011): Controlling. 12., vollständig überarbeitete Auflage. München. Franz Vahlen Verlag

Jetter, T. (1987): Cash-Management-Systeme. Wiesbaden. Gabler Verlag

Jungbluth, F., Söhnle, N. (2010): Rechnungslegung. In: Schmidt, O. [Hrsg.]: Das Krankenhaus in der Beratung. Recht, Steuern, Unternehmensbewertung, Rechnungslegung. Wiesbaden. Gabler Verlag. S. 221–240

Kettern, T. (1987): Cash-Management und Bankenwahl. In: Betriebswirtschaftliche Forschungsbeiträge. Band 29. München. GBI-Verlag

Küting, K., Weber, C.-P. (2009): Die Bilanzanalyse. Beurteilung von Abschlüssen nach HGB und IFRS. 9., überarbeitete Auflage. Stuttgart. Schäffer-Poeschel Verlag

Küting, K., Weber, C-P. (2012): Der Konzernabschluss. Praxis der Konzernrechnungslegung nach HGB und IFRS. 13., grundlegend überarbeitete Auflage. Stuttgart. Schäffer-Poeschel Verlag

Lachnit, L. (1989): EDV-gestützte Unternehmensführung in mittelständischen Betrieben – Controllingsysteme zur integrierten Erfolgs- und Finanzlenkung auf operativer und strategischer Basis. München. Franz Vahlen Verlag

Lachnit, L., Müller, S. (2003): Risiko-Controlling. Integrierte Erfolgs-, Bilanz- und Finanzrechnung als Instrument des Risiko-Controlling. In: Freidank, C.-C. [Hrsg.]: Controlling-Konzepte. 6. Auflage. Wiesbaden. Gabler Verlag. S. 563–589

Lachnit, L., Müller, S. (2012): Unternehmenscontrolling. Managementunterstützung bei Erfolgs-, Finanz-, Risiko- und Erfolgspotentialsteuerung. 2., überarbeitete und erweiterte Auflage. Wiesbaden. Springer Gabler Verlag

Leber, W., Pfeiffer, P. (2010): Krankenhausfinanzierung. Zentrale Fragestellung und ihre Lösungen. Köln. Luchterhand Verlag.

Lorke, B., Müller, J. (2008): Zukunftsorientiertes Krankenhausmanagement – Rechnungslegung nach IFRS. Düsseldorf. Deutsche Krankenhaus Verlagsgesellschaft

Losbichler, H. (2012): Grundlagen der finanziellen Unternehmensführung. Band III: Cashflow, Investition und Finanzierung. 2. Auflage. Wien. Linde Verlag

Neubauer, G., Beivers, A. (2010): Zur Situation der stationären Versorgung: Optimierung unter schwierigen Rahmenbedingungen. In: Klauber, J. u. Augurzky, Boris. [Hrsg.]: Krankenhaus-Report 2010. Schwerpunkt: Krankenhausversorgung in der Krise? Stuttgart, Schattauer Verlag. S. 4–11

Neubauer, G., Minartz, C. (2011): Finanzmanagement im Krankenhaus. Berlin. Deutsche Akademie für Management

Nitsch, R., Niebel, J. (1997): Praxis des Cash Managements. Wiesbaden. Gabler Verlag

Penter, V., Siefert, B. (2010): Kompendium Krankenhaus-Rechnungswesen – Grundlagen, Beispiele, Akutelles, Trends -, Klumbach. Mediengruppe Oberfranken

Perridon, L., Steiner, M., Rathgeber, A. W. (2012): Finanzwirtschaft der Unternehmung. 16., überarbeitete und erweiterte Auflage. München. Franz Vahlen Verlag

Prätsch, J., Schikorra, U., Ludwig, E. (2012): Finanzmanagement. Lehr- und Praxisbuch für Investition, Finanzierung und Finanzcontrolling. 4., erweiterte und überarbeitete Auflage. Heidelberg. Springer Verlag

Reichmann, T. (2006): Controlling mit Kennzahlen und Management-Tools. Die systemgestützte Controlling-Konzeption. 7., überarbeitete und erweiterte Auflage. München. Franz Vahlen Verlag

Rüegg-Stürm, J. (2003): Das neue St. Galler Management-Modell. Grundkategorien einer integrierten Managementlehre: Der HSG-Ansatz. 2., durchgesehene und korrigierte Auflage. Bern. Haupt Verlag

Schmalen, H., Pechtl, H. (2006): Grundlagen und Probleme der Betriebswirtschaft. 13., überarbeitete Auflage. Stuttgart. Schäffer-Poeschel Verlag

Schmolke, S., Deitermann, M., Rückwart, W.-D. (2005): Industrielles Rechnungswesen. IKR. Finanzbuchhaltung Analyse und Kritik des Jahresabschlusses Kosten- und Leistungsrechnung. Einführung und Praxis. Darmstadt. Winklers Verlag

Schubert, P., Olliges, O. (2013): Zeitgemäße Liquiditätsplanung – Ein Praxisbeispiel. In: Keuper, F. et al. [Hrsg.]:Die moderne Finanzfunktion. Wiesbaden. Gabler Verlag. S. 323–347

Siegwart, H. (1989): Der Cash-flow als finanz- und ertragswirtschaftliche Lenkungsgröße. Stuttgart. Schäffer Verlag

Siegwart, H., Reinecke, S., Sander, S. (2010): Kennzahlen für die Unternehmensführung. 7., vollständig überarbeitete und ergänzte Auflage. Bern. Haupt Verlag

Siener, F. (1991): Der Cash-Flow als Instrument der Bilanzanalyse. Praktische Bedeutung für die Beurteilung von Einzel- und Konzernabschluß. In: Küting, K.-H., Wöhe, G. [Hrsg.]: Schriften zur Bilanz- und Steuerlehre. Band 6. Stuttgart. Schäffer Verlag. S. 343–391

Sonnabend, M., Raab, H. (2008): Kapitalflussrechnung nach IFRS. Anforderungen und Gestaltungsmöglichkeiten. München. Franz Vahlen Verlag

Von Wysocki, K. (1998): Kapitalflussrechnung. Stuttgart. Schäffer-Poeschel Verlag

Wagner, J (1985): Die Aussagefähigkeit von cash-flow-Ziffern für die Beurteilung der finanziellen Lage einer Unternehmung (I). In: DB. S. 241–250.

Werdenich, M. (2008): Modernes Cash-Management. Instrumente und Maßnahmen zur Sicherung und Optimierung der Liquidität. München. FranzBuch Verlag

Wiehle, U. et al. (2010): Unternehmensbewertung – Methoden, Rechenbeispiele, Vor- und Nachteile. 4., Auflage. Wiesbaden. Cometis Verlag

Wöhe, G. (1987): Bilanzierung und Bilanzpolitik. 7., Auflage. München. Franz Vahlen Verlag

Wöhe, G. u. a. (2013): Grundzüge der Unternehmensfinanzierung. 11., überarbeitete Auflage. München. Franz Vahlen Verlag

Wolke, T. (2010): Finanz- und Investitionsmanagement im Krankenhaus. Berlin. Medizinisch Wissenschaftliche Verlagsgesellschaft

Zapp, W., Oswald, J. (2009): Controlling-Instrumente für Krankenhäuser. Stuttgart. Kohlhammer Verlag

Zapp, W., Oswald, J., Karsten, E. (2010): Kennzahlen und Kennzahlensysteme im Krankenhaus – Empirische Ergebnisse zum Status Quo der Kennzahlenpraxis in Niedersächsischen Krankenhäusern. In: Zapp, W., Haubrock, M. [Hrsg.]: Kennzahlen im Krankenhaus. Reihe Controlling und Management in Gesundheitseinrichtungen. Band 2. Lohmar. Josef Eul Verlag. S. 1–66.

Printed in the United States
By Bookmasters